你康德系的？

跟著康德看批判的哲學

林真如 著

The wisdom of
Kant

康德帶你挑戰傳統
奔向創新

崧燁文化

目錄

序言

康德生平

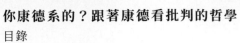

第三輯 審美與目的論

序言

伊曼努爾·康德（Immanuel Kant，一七二四～一八〇四），啟蒙運動時期德國著名思想家、哲學家，被譽為「人類哲學界的哥白尼」。

康德從小在教會辦的學校受教育，少年時代，康德便對科學和哲學產生了濃厚的興趣，並矢志於這方面的研究。一七四〇年，康德進入柯尼斯堡大學。從一七五五年開始，康德一直在柯尼斯堡大學任教，一七七〇年晉升為教授。

當上教授以後，康德「沉寂十二年」，潛心研究他的批判哲學。一七八一年開始，他發表了震驚世界的「三大批判」論著——《純粹理性批判》、《實踐理性批判》和《判斷力批判》。從此，在讓自己享譽世界的同時，康德也讓世人永遠記住了柯尼斯堡。

雖然康德學習的是批判哲學，但他本人卻建立起一套完整的哲學理論。在他所處的年代，歐洲哲學思想主要存在二種重要理論：一是由洛克、休謨等人發展出來的經驗主義；另一種是笛卡兒等人的理性主義。經驗主義者認為，人類對世界的認識與知識來自於人的經驗，而理性主義者則認為，人類的知識來自於人自身的理性。

康德的哲學在一定程度上結合了二者的觀點。康德認為，知識是人類同時透過感官與理性得到的。經驗對知識的產生是必要的，但不是唯一的要素。把經驗轉換為知識，就需要理性（康德將這種理性稱為「範疇」），而理性則是天賦的。人類透過範疇的框架來獲得外界的經驗，沒有範疇就無法感知世界。因此，範疇與經驗一樣，是獲得知識的必要條件。但人類的範疇中也有一些可以改變人類對世界觀念的因素。

在康德看來，時間與空間是兩個先天的特殊概念。他在《純粹理性批判》一書中指出，沒有人可以想像一個存在於沒有時間與空間的世界中的物體，因此他強調沒有時間與空間，經驗就是不可能的，這二者先於一切經驗。

此外，康德還認為經驗必須來自於心靈以外。也就是說，一個人可以感知、理解他周圍的世界，但永遠無法感知、理解自己本身，因為知識的產生需要時間、空間與範疇三個要件。在因果律方面，康德認為因果律是人類理性的結果，康德贊同休謨因果律不來自於經驗的觀點，但他相信可以證明自然法則，因為自然法則就是人類認知的法則。因果律其實就是人類理性的表現。

　　在倫理學方面，康德否定意志受外部原因支配的說法，認為意志為自己制定法則，人類辨別是非的能力是與生俱來的，而不是從後天獲得。這套自然法則是無上命令，適用於所有情況，是普遍性的道德準則。

　　康德認為，真正的道德行為是純粹基於義務而做的行為，而為實現個人功利目的而做的事情，就不能被認為是道德的行為。因此康德認為，一個行為是否符合道德規範並不取決於行為的後果，而是取決於採取該行為的動機。康德還認為，只有當我們遵守道德法則時，我們才是自由的，因為我們遵守的是我們自己制定的道德準則，而如果只是因為自己想做而做，則沒有自由可言，因為這就使我們成為各種事物的奴隸。

　　康德的這些觀點導致了一場哲學領域內的「哥白尼革命」。

　　今天，我們來學習和研究康德哲學，並非是附庸風雅，而是為了訓練我們的思維，改進我們的思考習慣，擴大我們精神生活的視野。康德哲學是我們瞭解西方理性精神的一個關鍵，為此，我們思考再三之後，從康德思想中精挑細選了最具影響力，對我們的思考方式最具衝擊力，對我們的觀念最具啟發性的篇章，組成了這本可以雅俗共賞的案頭藏書。

　　本書包含了批判哲學、美學、倫理學等內容，力求將康德最具影響力的作品展示給讀者朋友，希望讀者能在閒暇之餘走近康德，瞭解康德，從中有所收穫。

康德生平

一七二四年，伊曼努爾·康德生於東普魯士柯尼斯堡的一個小手工業者家庭。六歲那年，康德進入小學，一七四〇年進入柯尼斯堡大學。

一七五五年，康德提出學位論文《論火》，獲得博士學位；同年匿名出版《自然通史和天體理論》，第一次在長期統治人們思想的形而上學自然觀上打開了缺口。

一七五五～一七六八年，康德發表的論著有：《對形而上學認識論基本原理的新解釋》（一七五五年）、《自然地理學講授提綱》（一七五七年）、《試對樂觀主義作若干考察》（一七五九）、《對豐克先生夭亡的想法》（一七六〇年）、《三段論法四格的詭辯》（一七六二年）、《將負值概念引入哲學的嘗試》（一七六三年）、《論優美感與崇高感》（一七六四年）、《論空間方位區分的基本根據》（一七六八年）。

一七六九年是康德的哲學思想發展的關鍵一年。由於受英國經驗主義影響，特別是省察到休謨所提出的有關因果聯繫有無必然性問題的重要意義，他從萊布尼茲學派哲學的「獨斷的美夢」中猛醒過來，開始從「先批判時期」向「批判時期」過渡。

一七六九年，康德受愛爾蘭根大學聘請，擔任教授職務；次年受耶拿大學聘請，三月被任命柯尼斯堡大學邏輯和形而上學編制內正教授職務，並提出《論感性世界和理智世界的形式與原則》論文，進行答辯。

一七八〇年，康德開始《純粹理性批判》一書的寫作，他的哲學思想進入批判時期。

在一七八一～一七九〇年的十年間，康德構成批判哲學體系的《純粹理性批判》、《實踐理性導論》、《判斷力批判》三部巨著相繼問世，另外還刊行了《未來的形上學之緒論》（一七八三年）、《道德形而上學原理》（一七八五年）、《對人類歷史起源的推測》（一七八六年）、《論目的論原理在哲學中的運用》（一七八八年）以及其他十多篇論著。

一七八六年冬，康德被選為柏林科學院院士。

一七九二年起，康德擔任柏林科學院哲學部主席，同年發表《論人的劣根性》，次年春發表《論理性範圍內的宗教》。《論理性範圍內的宗教》出版後被指控為濫用哲學，歪曲並蔑視基督教的基本教義，政府要求康德不得在講課和著述中再談論宗教問題。同年九月，康德發表《論格言：道理上可以說得過去，可是實踐上卻行不通》。

一七九四年，康德發表《論月球對氣候的影響》；同年六月發表《論萬物的終結》；七月，康德被選為彼得堡科學院院士；十月，康德因為就宗教問題發表意見受到國王訓斥。第二年發表《永久和平論》。

一七九六年，康德發表《論靈魂的器官》，同年六月二十三日，康德最後一次講課，自此離開了講台。

一七九七年，康德發表了《道德形上學》，同年九月發表了《論出於利他動機而說謊的虛妄權利》。

一七九八年，康德被選為西恩（義大利）科學院院士；同年秋發表《學科間紛爭》和《人類學》。一七九九年，康德發表了生前最後一篇文章——《論與費希特科學哲學之關係》。在這篇封筆之作中，康德對費希特的科學哲學給予的評價是：一錢不值。這是康德作為哲學家的最後一句話，從此他就告別了哲學舞台——他已經完成了自己的使命。

一八〇一年，康德請求解除他科學院評議委員會成員的職務。

一八〇四年二月十二日上午十一時，伊曼努埃爾·康德在家鄉柯尼斯堡去世。

康德是人類思想天空的一顆巨星。當代德國著名哲學家、現代存在主義哲學奠基人卡爾·雅斯佩斯將康德、柏拉圖和奧古斯丁並列稱為三大「永不休止的哲學奠基者」。

第一輯 純粹理性批判

「純粹理性」，是指獨立於一切經驗的理性；「批判」，是指對這種純粹思辨的理性進行一種考察，以便弄清人類知識的來源、範圍與界限。康德認為，這樣既可避免獨斷論，又可避免懷疑論；對於純粹理性的這種批判考察，是進行其他哲學理論活動的先決條件。《純粹理性批判》在哲學史上產生了重大影響，推動了近代歐洲辯證思維的發展。

▌先驗感性論——感性、直觀、經驗

先驗感性論是康德批判哲學的重要組成部分，在「先驗感性論」中，康德提出了幾個最基本的概念：一是感性；二是直觀；三是經驗，並給予了詳細的解說。

感性、直觀、經驗

在本節中，康德對感性、直觀和經驗進行了解說。感性：是指在我們受到對象刺激時接受表象的能力；直觀：是指人類感官的感覺，知識和對象發生關係必須透過直觀；經驗：是指用結合或分離的方法，將感性印象的原料製成稱為經驗的「關於對象的知識」。

康德第一批判的核心部分由「先驗感性」、「先驗邏輯」和「先驗辯證」這三種認識能力構成。康德之所以從先驗的意義上來討論它們，是由於當時的獨斷主義與經驗主義橫行，面對此情此景，康德對人類知識的來源重新做了一次界定，即知識的構成有其先驗，也有其後驗。「驗前性」是指人類固有的一種先天認識形式，「驗後性」是指由感性直觀所得的經驗，兩相結合才能形成知識。其中，前者屬於知性認識，後者屬於感性認識。

就前者來說，由於這一知性形式不含有實體內容，所以稱之為純粹驗前的，又由於它本身確實可以在驗後得以客觀地實現，所以便稱為「先驗的」，這就是「先驗邏輯」的由來。同時，康德還認為，不僅知性，感性也有其先驗性，即純粹感性形式，它也先天地寓於人類認識之中，在我們進行直觀時，

這種純粹感性形式也必然會發揮作用，使世界只能如其所決定的那樣顯現出來，形成為「現象」而非「物自身」，這種有其適用性的先天形式就是先驗感性形式，康德將之歸結為兩種：時間與空間，「先驗感性」就以此被設立。

在「先驗感性」中，康德提出了幾個最基本的概念：

第一基本概念：感性。

感性：是指在我們受到對象刺激時接受表象的能力。

第二個基本概念：直觀。

直觀：是指人類感官的感覺，知識和對象發生關係必須透過直觀。

只有感性才會使我們產生直觀印象。感性是一種功能，直觀是一種具體的呈現狀態，當感性直觀給予的現象與知性思維相結合時，就形成經驗知識。

第三個基本概念：經驗。

經驗：是指用結合或分離的方法，將感性印象的原料製成稱為經驗的「關於對象的知識」。

知識是由經驗而來，經驗和知識兩者並不等同，因為知識的來源還有其驗前性；同時，經驗的來源也有其驗前性。經驗的這種驗前性一方面表現為先驗感性形式；一方面表現為先驗知性形式。所以「經驗性知識」的確切涵義是：經驗是知識得以發生的根源，但不是唯一根源。

經驗是帶有知性色彩的感性產物，而知識是帶有感性色彩的知性產物。倘若我們一定要談及最純粹的、不包含任何形式性的經驗，那麼就是「現象」。「現象」的定義是：一種未經確定的經驗性直觀地呈現出來的對象。

直觀分為經驗性直觀和非經驗性直觀，或者是驗前直觀和驗後直觀兩種。

驗前直觀是指不依靠任何感官印象及任何經驗的知識，直觀的過程與其結果不同時發生。驗前直觀還不能認為是徹底脫離經驗。通常來說，它在根源上還屬於經驗性直觀，但在運用方式上，這種直觀可以脫離經驗之呈現，而在想像中為我們所擁有。

驗後直觀是就經驗的知識而言，直觀的過程與其結果同時發生。

此外，還存在純粹驗前直觀，相對於驗前直觀，它不含任何感性內容。這種純粹驗前直觀就是先驗感性形式──時空。與之相應，屬於知性的純粹驗前概念即先驗知性形式則是範疇，它也不含有經驗實體性，但它與時間、空間一樣，都由經驗對象的呈現而得以實現，否則，沒有任何實際意義。

在此，我們有必要搞清楚「先驗」這一概念：「凡一切知識不和對象有關，而和人們知道對象的方式有關，而這方式又是限於驗前有其可能的，這種知識稱為先驗的知識。」需要注意的是，「先驗」具有驗前形式性，所以同時具有必然性與普遍性。此外，它還是一種主觀形式，而並不是一種獨立的客觀形式，另外，它相比於驗前知識，可以為驗後所證實，即具有有效性。

任何一種理論的定義，不管是獨斷論還是經驗論，在語義上都要採取判斷形式。康德將判斷分為分析與綜合兩種。所謂分析判斷，是指「其述語與主語的聯繫是透過一致性而被思考的那些判斷」，因此，分析判斷中述語並不對主語增加什麼新東西；綜合判斷是指「主語與述語的聯繫不是透過統一性而被思考的那些判斷」，即在主語之外又增加了述語，確切地說是：「這個述語並沒有在主語概念中為人所想過」，從而使主語概念有所擴大。

通常來說，分析判斷可以不借助於經驗；經驗性判斷則完全是綜合判斷，因為要構成這一判斷，我們必須超出現有的概念以外尋找另外一個概念，兩者能夠相互聯繫必須要有經驗作證。但是，不能認為所有綜合判斷都是經驗性判斷，即驗後判斷。康德極力強調的是，驗前綜合判斷也有其可能。在「先驗邏輯」一節中，康德對時空以驗前判斷的方式與純粹知性融合於一體的觀點做了詳細闡述。關於具體內容，我們在「先驗邏輯」一節中為大家講解。

總之，時空使驗前綜合判斷成為可能，但它依然屬於感性的先驗形式。根據這一條件，屬於知性的純粹驗前綜合判斷──範疇也被建立起來，儘管兩者存在本質的差異，但由於都涉及同一種使用功能，即驗前綜合判斷，從而使先驗感性與先驗知性結合於一個認識統一體中，並同時使先驗知性形式，即範疇，能夠適用於感性內容，在原理分析部分，更是能夠使範疇應用於經

驗的仲介——圖式轉化為時間性的量。甚至對大部分原理，康德都可以用屬於驗前直觀的數學的數以及由此而被還原成的時間的量來說明。

空間與時間、現象與物自身

康德認為，時間是內感官的形式，也就是我們主體內部狀態的直觀形式。相對於空間來說，時間不是外部現象的一種確定，時間只與我們內部各表象狀態有關。康德說：「一切外部現象都是在空間裡，而且是按照空間的種種關係在驗前就被確定的那樣。從內感官的原理來說，任何現象，即感官的一切對象都是在時間裡，而且必然處在時間關係之中。」

康德認為，「空間是一個作為一切外部直觀基礎的必然的、驗前的表象」，「只有透過空間這種表象，外部經驗本身才成為可能」。空間這一表象不是由經驗直觀得來的，而是以其驗前形式性，屬於驗後的經驗得以可能存在的條件；也可以這樣說，空間這一表象只能由經驗現象呈現出來。作為驗前直觀形式，它已經必然而普遍地寓於全體之中，甚至決定主體「作為觀照者只能是這樣的觀照者」。康德說：「我們唯有以人類的立場才能談到空間，談到外延的事物等等。我們只能在這個主觀條件下才能有外部的直觀，即能為對象所刺激。如果離開這個主觀的條件，則空間的表象就毫無意義了。」

由此可知，事物被劃分為兩個層次，一個層面是由先驗感性形式決定的，即是現象；另一個層面則是「物之在其本身」，即「物自身」。「物自身」並沒有進入我們的主觀形式視野，在先驗邏輯那裡，它將在理性的控制之下成為「本體」。因此，我們所能談及的只是感性的純然表象，其形式是空間。而對於「現象」背後的「物自身」，卻永遠不為我們所知。因為，「空間涵蓋一切作為外部而向我們呈現的事物，但卻不涵蓋一切『物之在其本身』」。

透過以上的闡述，我們說，空間在經驗方面有其實在性，但在先驗意義上卻沒有這種實在性，否則就將使空間成為「物自身」而非僅僅是我們的空間，它所導致的最大誤解是，我們作為主體可以直觀到本體，如上帝、靈魂以及永恆性。因此，正確的說法是，空間具有先驗觀念性。

關於時間，時間是內感官的形式，也就是我們主體內部狀態的直觀形式。相對於空間來說，時間不是外部現象的一種確定，時間只與我們內部各表象狀態有關。康德說：「一切外部現象都是在空間裡，而且是按照空間的種種關係在驗前就被確定的那樣。從內感官的原理來說，任何現象，即感官的一切對象都是在時間裡，而且必然處在時間關係之中。」

事物作為感性直觀的對象，都存在於時間之中。時間具有經驗實在性，一切可由我們的感官給予的對象在時間中都可以獲得其客觀有效性。一切對象都必須遵照時間而在經驗中向我們呈現出來。另一方面，時間卻不具有絕對實在性。因此，時間語空間一樣，具有先驗觀念性而無經驗實在性。換句話說，倘若抽出屬於感性直觀的種種主觀條件，時間將沒有任何意義。這樣，與空間的先驗觀念性對應，一方面我們稱時間為先驗的、不依賴於經驗性直觀產生出來，另一方面時間又是直觀的。

先驗感性論主要討論時間與空間這兩種純粹先驗形式，兩種形式的客觀實在性又只能透過經驗直觀給予出來。若承認時間的絕對實在性而非經驗實在性，那麼就將認為時間有一種客觀實在性而非主觀實在性，時間就能作為一種物自身而存在。總之，時間是主體內直觀的形式，不依附於對象，而只依附於能直觀對象的主體。

驗前綜合判斷以及驗前綜合知識之所以能夠產生，康德認為來源就在於時間與空間。但是，這些知識只是在對象被看作現象的範圍上才適用於對象，一旦超出這個範圍，便不能認為是在客觀地使用它們。同時，時空的這種形式性即便只依附於我們關於這些物自身的直觀，我們一樣可以確信，這些經驗性知識是客觀有效的。

不僅外部直觀，即便內部直觀也同樣以客體表象的方式為我們所直觀著。外部客觀的直觀和心中的自我直觀同樣在空間時間裡，在給予的對象與全體的關係中，這樣的屬性是依靠主體的直觀方式的。因此，就這種對象作為現象來說，要和它自己作為物自身區別開來。所以，當我們涉及物體和靈魂的空間與時間時，其性質是處在我們的直觀方式裡，而非處在對象本身裡。

總之，康德認為，凡和對象的表象不可分開，不能在對象本身找到的東西，而總是在其對於主體的關係上才有的，就是現象。康德說：「作為現象來說，它們本身是不存在的，而只能存在於我們裡面。物自身離開我們感官的感受性，它究竟是什麼無從知道。我們所知道的無非是我們知覺這些對的方式，而這方式為我們所特有，我們只與這方式有關。空間與時間是這種知覺方式的純粹形式，而一般的感覺就是實體。我們所驗前知道的唯有空間和時間，它們是在我們一切現實的知覺之前所知道的，因而這種知識就稱為純粹直觀。感覺在我們知識中能導致『驗後知識』，它產生『經驗性直觀』的那種東西。無論我們的感覺屬於哪一類，純粹形式絕對必然地依附於我們的感性；而實體則能在各種各樣的形式中存在。即使我們的直觀能達到明晰性的最高程度，我們也不能借此更近於物自身，我們所知道的依然不過是我們的直觀方式。」

▎先驗邏輯論——範疇、知性、形成

　　先驗邏輯對應於先驗感性。康德認為先驗與驗前的區別在於：並非任何一種驗前知識都應稱為先驗的，只有我們藉以知道某些表象、只能驗前使用或只在驗前成為可能，而且又知道為什麼是這樣的，這種驗前知識才稱為先驗的知識。很顯然，先驗是驗前範圍內能被證明其有效性的概念，如同先驗感性中驗前有效的直觀形式的時間與空間。

概念的劃分

　　在本小節，康德對先驗邏輯的基本概念作了簡單的劃分，認為直觀與概念相結合形成知識。相對於感性，康德又提出知性的概念，並就其特性進行了闡釋。

　　直觀和概念相結合形成知識。直觀和概念分為純粹的與經驗的。純粹直觀為「某東西被直觀」的形式，而純粹概念只含有一個對象的一般思維形式。純粹直觀和純粹概念是驗前可能的，而經驗性直觀和經驗性概念只是驗後才有其可能。

相對於感性，康德又提出了知性概念，即「使我們能夠思維感性直觀的對象的能力」。知性不能直觀，感性不能思想，透過兩者相結合知識才發生。關於一般知性規則的學問稱為邏輯。邏輯又成為純粹普遍邏輯和應用邏輯。純粹普通邏輯只處理驗前原理，而應用邏輯處理邏輯的經驗性原理。

先驗邏輯對應於先驗感性。康德認為先驗與驗前的區別在於：並非任何一種驗前知識都應稱為先驗的，而只有我們藉以知道某些表象、只能驗前使用或只在驗前成為可能而且又知道為什麼是這樣的，這種驗前知識才稱為先驗的知識。

很顯然，先驗是驗前範圍內能被證明其有效性的概念，如同先驗感性中驗前有效的直觀形式的時間與空間。同樣地，在先驗邏輯中，既不作為來自經驗的概念，也不作為來自感性的概念，我們先為自己形成了關於知識的一種科學理念，依據這種理念，我們完全在驗前想到對象，從而確定這種知識的起源、範圍與客觀有效性。如此一來，我們就是在研究先驗邏輯而非普通邏輯。

在先驗邏輯中，我們將知性孤立起來，將單獨起源於知性的那部分思想從我們的知識中分開。同時，康德也提醒我們，這種純粹知識的使用要依靠一種條件，即它所能適用的對象是在直觀中被給予出來的，這便是先驗邏輯中先驗分析論的運用。倘若超於經驗地單純使純粹知性獨自發展，那麼就將產生幻象而變成先驗辯證論了。

範疇及其演繹、驗前綜合判斷

康德認為，只有依靠範疇，知性才能理解直觀的雜多（即多樣性）中的事物。而對於驗前綜合判斷，康德認為，由於先驗邏輯與先驗感性是對應的，因此，驗前綜合判斷也是在純粹直觀形式——時空的限制範圍內發生的，即「先驗邏輯有先驗感性所呈現在它面前的驗前的感性雜多作為純粹知性概念的材料，倘若沒有這些材料，那麼這些概念就是空洞的，是沒有內容的。」

先驗分析論將我們的一切驗前知識分解為純粹知性獨自產生的各概念，這些概念必須是純粹的而非經驗的。且這些概念屬於思想和知性，不屬於感性與直觀。此外，這些概念必須是基本的，因而要與衍生的複合概念分開來。

　　在知性的邏輯使用中，我們應當注意康德給出的知性與判斷的關係。闡述判斷這一概念是為了更具體地說明知性的一種機能。抽掉一切對象內容，康德闡述了判斷的四種方式，在判斷的程態裡，包括或然的、實然的、必然的。必然命題是將實然命題思考為知性的這些規律所確定的，因而為驗前肯定。我們首先是或然地判定某東西，然後實然地主張其真實性，最後才肯定它是和知性不可分割地結合在一起，即作為必然的。

　　關於綜合是指：在我們認知某種直觀的雜多時，思維的自發性要求以某種方式對這種雜多進行審查、吸收、聯結。綜合分為驗前和驗後兩種。驗前綜合是純粹的。要想確定知識最初的起源，就必須要注意綜合。綜合的概念作為知性的一種機能先驗寓於主體認知能力中。純粹綜合被理解為以驗前綜合的統一性為基礎的東西，這一知性的純粹概念被視為驗前適用於對象，而驗前地適用於一般直觀對象的一些知性純粹概念的數目，正等於在一切可能判斷裡所發現的邏輯機能的數目，康德將這些概念命名為範疇。只有依靠它們，知性才能理解直觀的雜多中的事物。

　　有必要提醒大家的是，先驗邏輯與先驗感性是對應的，因此，驗前綜合判斷也是在純粹直觀形式——時空的限制範圍內發生的，即「先驗邏輯有先驗感性所呈現在它面前的驗前的感性雜多作為純粹知性概念的材料，倘若沒有這些材料，那麼這些概念就是空洞的，是沒有內容的」。而驗前感性雜多這一概念的唯一對應物就是時空。在此，時間空間與純粹知性發生聯繫。

　　康德在談及範疇先驗演繹的過渡時，重點提到了純粹知性之經驗性方面，而在此之前，純粹知性及純粹感性都在語義上為方便起見而單獨談及。首先，「一切經驗除了某東西透過它而被給予出來的感官直觀之外，此外還包含有一個對象的概念，這對象一開始是在直觀裡被給予出來的，即作為現象的。因此，一般所謂對象的概念實存於一切經驗性知識的基礎上，而為其驗前條件。因此範疇作為驗前概念，其客觀有效是以這事實為依據的，即就思維的

形式來說，只有透過範疇，經驗才能成為可能。範疇之所以必然地而且驗前地與經驗的對象有關，其原因在於只有以範疇為媒介，經驗的任何對象才能被思維。」

經驗相對於現象直觀不是徹底與知性相脫離的，而在其產生之初就滲透著知性，確切地說是範疇之必然的應用。驗前概念只具有形式而不具備實體，有理論上的獨立意義而無客觀實在性，只有與驗後材料結合，經驗才能成為經驗，驗前概念也才能由此而顯現出來，並獲得客觀實在性。

康德說：「即使先驗演繹中經驗已無法跟上純粹概念，而得出的結論仍然是以可能經驗為條件的。」

接著，康德進一步將知性之驗前綜合分為三種不同的綜合：

第一種：直觀中領會的綜合。

直觀領會的綜合與時空的關係在於，如果沒有領會的綜合，我們就絕不能在驗前有空間或時間的表象。空間與時間的產生是透過這種本源性的感性能力在驗前所呈現的雜多的綜合。所以說在領會中，在感性的初級階段，我們就有了一種純粹綜合。

第二種：想像中的再生綜合。

想像中的再生綜合是與直觀中領會的綜合隨即發生的一種驗前根據。現象能夠以一種連續的表象呈現出來，屬於我們知覺的能力。而它除了有經驗性內容之外必然也有一種先驗性。直觀中領會的綜合包含著想像力中的再生綜合，它們精密地聯繫在一起。

第三種：概念中辨認的綜合。

概念中辨認的綜合也屬於心之固有機能的一種。在此，康德提出了意識的驗前統一性概念。或者說是一種先行於一切經驗、純粹本源的、使經驗本身成為可能的不變的意識。

根據這三種綜合方式，可以相應地得出三種知識來源:感官、想像、統覺。簡單來說，感官在知覺中經驗地表現現象，而一切知覺都是驗前地以純粹直

觀為根據；想像是驗前地以表象再生為根據；統覺即以一切可能的表象中的自我統一性為根據，它已開始運用概念。

關於知性的定義我們有過解釋，如，知性是知識的一種自發性，是概念的能力等。這些確切來說都是同一種能力。此外，我們也可以說知性是以規則的能力為特徵的，這樣的定義更接近於知性的本質。

知性給我們以規則。知性始終要在現象中發現某種規則。就這一規則必然要運用於對象而具有客觀性來說，規則被稱為規律。我們透過經驗掌握了許多規律，但它們要由更高的規律來確定，這一更高規律只能在驗前的知性能力中尋找，即先驗統覺或者範疇。因此，知性不只是透過現象的比較定出規則，它本身即自然的制定法則者。在一個完整經驗中，作為可能經驗的一切現象，都驗前存在於知性中，從知性得到形式的可能性。

因此，我們可以得知：單純的現象或者單純的直觀由於受到先驗感性形式的制約，而作為經驗，現象這時候就是形式與實體間的結合，就不再是簡單的感性呈現、而必然地受到知性規則如直觀中領會綜合的滲透。

如此看來，經驗與直觀是兩個不同的概念。至於感性，在它與直觀一起使用時，更著重於強調一種純粹的感性形式，是屬於觀念性的。所以，通常來說，現象總是實在地透過經驗被我們掌握和理解。只有經驗才是具體的形式與實體的結合，即先驗感性形式與受到知性規則初期處理的實體兩者的結合，而知性在處理這些實體以作為感性經驗呈現出來時，它遵循一種驗前知性形式，即範疇，來進行這一處理過程。康德說：「經驗性規律只有從屬於知性的純粹規律並按照其規範才成為可能。」

在「純粹知性概念的先驗演繹」中，「綜合」被稱為知性活動的核心。綜合即是聯繫，可以是各種概念的聯繫，也可以是直觀雜多的聯繫。只有統一性加在雜多的表象上才能成為聯繫，而範疇中已經預先假定了聯繫的可能。

在此，康德追溯了知性的最高驗前概念——統覺的本源綜合統一性，「我思」是這個最高知性概念的表象。先驗統覺強調一種驗前直觀，以綜合的可能性為其根據而先於一切確定性的思想，即具體的思維，後者往往需要表象

經驗的補充。康德說：「我自己驗前意識到表象的一種必然的綜合，就稱為統覺的本源綜合統一性。」

就感性而言，我們所接受的表象在其先驗感性形式上也有一個最高原理，那就是時間與空間。就知性來說，這個最高原理就是統覺的本源統一性。對象被思維時都貫穿著意識的統一性，即「它不但是我自己在知道一個對象時所需要的條件，而且是任何直觀要成為我的對象時所必須遵守的條件」，自我意識的綜合統一性就是統覺的先驗統一性，它具有客觀普遍性，且不同於意識的主觀統一性。

判斷的邏輯機能是範疇，範疇的數目難以確定。康德說：「我們知性的這種特性，即它只能透過範疇而在驗前產生統覺的統一性，而且只靠這樣的範疇，只靠這個數目的範疇而產生統覺的統一性，這是很難再加以說明的，正如我們為什麼只有這些判斷的機能而別無其他的判斷機能，以及為什麼只有空間與時間是我們可能的直觀形式，很難加以說明一樣。儘管範疇的數量及方式已經給出，但不能簡單地認為這就是精確無比的，只不過就目前的知識能力而言，我們對範疇的擬定就在這個範圍裡。」

感性直觀必須與概念結合起來才成為知識。感性直觀分純粹直觀和經驗性直觀兩種。透過純粹直觀的確定，我們所獲取的知識是驗前直觀的，即只有其形式而無實際的實體。但是，數學的驗前性實際上依然以經驗性直觀為依據。範疇相對於這兩種直觀，即便其應用於驗前直觀即純粹直觀方面，依然有其必要的限度，這就是經驗直觀，或稱驗後直觀。範疇透過驗前直觀，間接運用於經驗直觀，否則脫離這一根據，範疇便沒有絲毫實際意義。

知性純粹概念關於對象的應用限度，如先驗感性論確定我們感性直觀純粹形式使用的限度一樣。空間與時間，作為對象所能給予我們必須具備的條件，只對感官的對象才有效。在這一限度外，空間與時間不表現任何東西。

但是，知性的純粹概念可以全然不顧這一限制而擴大到一般的直觀對象，甚至可以完全超乎直觀之上進入純粹理性思辨領域，如此一來，就不再具有與之相應的客觀經驗內容而單成為一種純形式，從而也就沒有了客觀實在性。

總之，由於直觀只能限制我們的感性而無法限制知性，致使後者以其純粹概念方式單純發展。

關於「綜合」的概念，先前我們提到過，這裡要補充說明的是「綜合」的兩種方式：一種是形象的綜合；另外一種是知性的綜合。形象的綜合也稱想像力的先驗綜合，它又分為生產性的想像力綜合和再生性的想像力綜合。

想像力是一種自發性能力。在內感官中，想像力依照範疇與一般直觀發生關係，使感性直觀雜多的綜合在驗前成為可能，因此想像力的先驗綜合是驗前直觀的一種自發性能力。想像力的先驗綜合總會以感性形象為前提。準確地說，想像力的先驗綜合作為知性先驗綜合的初期形式，根本地，仍處於知性的影響之下，只不過知性與想像力畢竟不是同一種能力。想像力可以在心理直覺與先驗功能之間架起一道橋樑。

當然，想像力依然屬於先驗範疇，它與知性很難徹底地區分，但可以肯定的是，想像力有其不可替代的獨特作用，它的先驗綜合機能因其原始反而具有知性、感性的雙重色彩，感性在這裡以形象方式顯現。

內感官作為直觀的純粹形式不含有確定性直觀。所謂確定性直觀指實在地、可經驗到的直觀。在實際認識當中，內感官總是作為內直觀呈現於我們知性意識中，因此也就成為知性對象了。

時間是內感官具有的唯一先驗形式，而我們一旦要體驗到時間的變化，時間就不能僅作為先驗形式，而必須透過感性經驗即直觀呈現出來。這時，單純的內感官才能被我們想到，但與此同時，其單純性也就消失了，這種純粹形式必然地被形式、實體的一般性結合所代替，內感官隨即作為內直觀。

直觀分為形式的直觀和直觀的形式兩種，形式的直觀給予表象的統一性。從理論上來說，空間與時間含有形式的直觀，只給予一種雜多，是純粹感性形式中給出的一種純粹的雜多，未經任何聯繫。但事實上，由於感性總由知性確定，因此，形式的直觀未實際發生，而只發生直觀的形式。純粹感性形式時空總要由感性經驗之呈現而呈現，感性經驗的呈現必然先驗帶有一種綜

合，而關於時空的一切概念據此才成為可能。關於範疇更具體的探討，我們將在第二輯認識論裡為大家進行詳細講解。

█先驗判斷論——原理、理性、途徑

驗前判斷力憑藉自身的職能使範疇與感性產生驗前知識。所謂感性是指一般感性或驗前直觀，倘若這一驗前知識是符合於一般規則即具有客觀有效性，那麼，我們就可以獲得知性之先驗原理，這種驗前判斷力稱為先驗判斷力。

原理的定義

關於「原理」的定義，康德對此的解釋是：「原理是範疇客觀使用的規則。」通俗點來說，「原理一詞在純粹知性中的意思就是範疇之所以具有客觀性而所必須符合的原則，透過它，我們才能知道範疇與經驗有著先天的適應性。」康德將原理分為：一、直觀的公理；二、知覺的預測；三、經驗的類比；四、一般經驗性思想的設準。最終又將它們歸納為數學和力學兩大類別。

數學和力學的區別在於：數學主要涉及直觀中的量，往往是絕對必然的；而力學則涉及其自身存在性質，更具有經驗內容方面的多樣性，並非必然。

以下我們針對這四種分類來一一探討。

一、直觀的公理

直觀的公理是指一切直觀都是外延的量，根據時間與空間的先驗必然性，一切現象都可以還原為量之生成。數學便是根據這一驗前原理所形成的最明顯範例。

二、知覺的預測

知覺的預測是指在一切現象中，凡為感覺的對象的實在東西都有等級，即強弱量。強弱量與外延量的區別在於，強弱量由於涉及感性經驗而屬於力

學範圍的原理。不管是外延量還是強弱量，兩者皆由量的連續性來產生，且都在各自領域中實現著實在性與否定性。直觀的外延量始終是統一的，因而它完全適用於數學；而強弱量則在不同的現象中可以大一點也可以小一點。因此，相對於直觀公理，知覺的預測由於感覺這一重要環節，使得其一方面具有驗前規則性，另一方面卻又必須與經驗聯繫起來。正如康德所說：「我們驗前只能知道它們的強弱量，即它們是有等級的。至於別的都有待於經驗。」

康德認為，驗前的量的連續性並不能說明驗後的以經驗性原理為先決條件的因果關係，否則就超出先驗哲學範圍，因為變化要涉及經驗內容的差異性與實在性。當然，這並不是指因果關係範疇，而是指因果關係事實。

三、經驗的類比

經驗的類比指的是「一種經驗的統一性據以能從知覺發生的規則」。這句話涉及兩個概念，一是「經驗」，一是「知覺」，因而需要加以辨析。經驗是知覺的一種綜合，經驗本身並不包含在知覺中，知覺也只是在偶然的次序裡碰在一起，並沒有任何確定的聯繫。相對於知覺的預測來說，這裡的知覺著重於雜多而綜合的特徵，但依然比感覺更具有形式性，而相對於經驗又更具有直觀性。因此，經驗區別於純粹直觀與感覺，而比知覺更具綜合性。經驗的類比從屬於範疇，而由於它同時又是原理，所以就比範疇有更多的經驗性職能。康德認為，這些類比只有作為知性的經驗性使用的原理來看，而不是作為知性的先驗使用的原理來看，這樣才更具意義和有效性。

所以說，經驗的類比絕不等同於範疇。當康德一定要把它歸於某個概念之下時，他用「圖式」也可以說是「圖型」來描述。康德說：「在原理本身裡，我們誠然要使用範疇，但是在將原理應用於現象時，我們就以範疇的圖型來代替它。」

為了更好地瞭解經驗的類比，我們將舉出三種經驗類比的具體事例。

第一類比：實體的永恆原理。

康德說：「在現象的一切變化中，實體是永恆的；其在自然中的量既不增加也不減少。」在這裡需要注意的是，永恆性原理不是在先驗辯證論中所論述的某種理性超驗幻象，而是以經驗為依據的一種先驗規則。現象在時間裡面，要以永恆的形式為唯一設準。這樣，只有存在一個永恆實體才能使變化成為可能。也只有透過永恆實體，我們才能得出知覺一切綜合統一性之所以可能的條件。這樣，在康德哲學體系中，「變化」一詞便有了新的意義。因為單就實體永恆這一點來說，變化不是與永恆相對立的，而是屬於實體的一種存在方式。也可以這樣說，時間本身為永恆之物，時間中的現象才是可變化的。從根本意義上來說，「凡變化都是持久的，轉變的僅僅是它的狀態而已」，即變化本身作為實體之存在方式也是永恆性的。我們通常所說的生滅僅只在於狀態的轉變而並非絕對的生滅。因為倘若是絕對的，那麼在生之前、滅之後就都脫離了我們的感性範圍，所以完全不可知，那麼討論它也沒有絲毫意義。

總之，在經驗範圍內，永恆之物以變化方式存在，即「同一個對象的存在方式跟在另一個對象方式之後」，前後兩種方式不同而形成轉變，但對象本身的存在是永恆的，並沒有發生改變。正是永恆構成了在時間中經驗的綜合統一性的發生。

第二類比：時間按照因果律前後相繼的原理。

因果關係本來以範疇的方式被確定於驗前知性概念中，作為原理，因果關係要透過時間中的現象或狀態之變化而以規律的形式應用於經驗表象中，這樣，現象才成為現象。

經驗性的因果律以先驗性的因果範疇為前提，先驗性的因果範疇只有透過經驗性的因果律才能獲得其現實性，時間以其感性直觀的職能將二者聯繫起來。在此，我們所整理的是經驗性表象，其與知性純粹概念的結合形成為知識甚或真理，因此，真理並不代表物自身的實在概念。有了這樣一層屏障，我們就可以運用因果律並承認其客觀有效性。康德在此意義上支持經驗實在論。不過要注意的是，時間作為一個中心感念，也應該進行更細緻的辨析。也許應該這樣，時間之先驗感性形式可以說明範疇之因果關係，這在概念分

析論中已經進行了詳細講解。而這裡，時間的具體呈現則可以說明作為原理的因果律，經驗的類比也因此才會發生。

第三種類比：按照交互作用或相互作用的規律並存的原理。

康德說：「一切實體，就其能被知覺為在空間同時並存性來說，都在徹底交互作用中。」這個原理是根據範疇表中關係方面的交互性提出來的。在闡述這一類比時，康德應用了實體概念和因果律。物體之間的關係是時間之中知覺與知覺之間的不斷繼起，其中存在著因果規律，所以從根本上來說，此種類比被還原成其哲學中最基本的幾個概念，即時間及其因果關係範疇。

總之，上述三種類比可以歸納為三種關係：即依存性、後果與合成。它們是現象在時間中存在的各種確定的原理，分別對應於時間的三種方式：對於作為量的時間自身的關係（存在的量，即持續、變化），作為前後相繼的系列的時間中的關係（因果律），以及作為一切同時存在的總和的時間之中的關係（交互性）。康德說：「為每一個現象確定其在時間中的位置的東西乃是知性的規則，而只有透過這種規則，現象的存在，就其時間的各種關係來說，才能獲得綜合統一性；因而那些規則就在驗前確定現象的位置，並且使之在一切時間裡都有效。」這段文字，最能集中地表達時間、統一性、現象、驗前性四個概念所共同組成的原理內涵。

先前我們說過，原理分析論是相對於概念分析論中的範疇表來確定的，一般經驗性思維的設準與範疇的三種程態對應，只要在直觀裡和在概念裡與經驗的形式條件一致，任何東西就都是可能的。凡與感覺結合在一起的東西，就是現實的。在其與現實的聯結中，凡按照經驗的普遍條件被確定的東西就是必然的。但是，範疇的三種程態都被認為是沒有經驗實體的邏輯形式而已。而在這裡，三種原理並非都在同一個意義層面上，它們在驗前——驗後系統中有著一定程度的差別。可能的原理根據是經驗的驗後性，但它最帶有驗前形式特徵；現實的原理則更多具有驗後性；而必然性原理儘管依然是一種驗前形式，但與經驗才能提供的普遍性聯繫最為緊密。

對於必然性原理，康德透過因果律來進行說明，「我們能夠知道為必然的，不是事物（即實體）的存在，只是事物狀態的存在；而且，只是按照因

果作用的經驗性規律，從其他在知覺中所給予出來的狀態，我們才能知道事物的存在狀態的必然性。」為了進一步說明必然性、因果律及其客觀性的關係，康德又說：「必然性所涉及只按因果作用的力學規律之種種現象的關係，以及按照這個規律而能在驗前從一個給予的存在（即原因）推論到另一存在（即結果）的可能性。任何發生的事物都是假設為必然的。這是一個原理，它將世界上的變化從屬於一條規律，即從屬於必然存在的規則，而沒有這規則，就沒有東西稱為自然。因此，『沒有東西是透過盲目的偶然事件而發生的』這一命題依然是自然的驗前規律。『沒有任何自然中的必然性是盲目的，它總是受某種條件限制的必然性，因而就是可理解的必然性』這個命題也是自然的驗前規律。這兩條規律乃是這種規律：透過它們，變化的活動就受事物（作為現象的事物）的一種性質支配，也就是等於受知性的統一性支配，因為只有在知性的統一性裡，這些事物才能屬於一個經驗，即屬於現象的綜合統一性。」

知性的統一性原則產生的是經驗，它必然是按照因果律的原理以連續現象的方式展現我們的感性的，必然性因此成為一種必要的程態。由此可見，必然性原理根源於知性的先驗統一性。

在「關於原理體系的一般註解」中，康德的理論歸納為「純粹知性的一切原理不過是經驗的可能性的驗前原理，一切驗前綜合命題都只與經驗有關係」。範疇之所以能得到最後的確定，直觀發揮了關鍵作用。康德對直觀給予了足夠的肯定，「只要缺乏直觀，我們就不知道我們透過範疇是否在想著一個對象，而且其實不知道，是否有地方有一個適合於這種範疇的對象。這樣，透過這些方法我們就能證實，範疇在其本身來說並不是知識，只不過是從給予的直觀構成知識的思想方式而已。」

一個概念只有透過直觀，即在可能經驗的前提下，才能與另一個概念聯繫起來。不能將知性的綜合統一性與範疇等同起來，知性綜合統一性是以一種驗前直觀方式而存在的原理，相對而言，範疇則僅僅是分析性的邏輯形式而已。

人的判斷力與圖式原理

康德認為，判斷力這種能力很大程度上受天賦影響，甚至可以說是由天賦而來，非後天教導所能獲得，它是屬於先驗邏輯而非普通邏輯。而關於圖式，康德主要提到了三種：一是空間，即外部感官所有一切量的純粹意象；二是時間，即內感官一切量的純粹意象。三是數，即作為知性的一個概念的量的純粹圖式。

在先驗分析論中，我們探討的是知性純粹形式，在「原理分析論」中要探討的是，知性純粹形式在運用於經驗事物時所產生的知性規則為什麼能夠適應於事物，也就是怎樣來辨別某事物是否從屬於這些規則。要對此進行探討，我們需要具備一種能力，那便是判斷力。

判斷力這種能力很大程度上受天賦影響，甚至可以說是由天賦而來，非後天教導所能獲得，它是屬於先驗邏輯而非普通邏輯。普通邏輯只討論抽掉一切感性內容的純粹知性形式，而先驗邏輯則是在一般直觀的前提下使得驗前規則具有一種客觀有效性，即能在驗後證明其為得當，這一驗前規則進而就成為有效的先驗規則了。而要達到此一目的，就需要先驗判斷力的恰當使用，純粹知性的圖式論便是判斷力要使知性純粹概念成為可能所必須遵守的感性條件。

具體來說，事物是多樣且異質的，而範疇是普遍而同質的，範疇之應用於事物進而證明其驗前有效性必須突破這一界限，而圖式是聯結兩者的橋梁。這一功能決定其特徵必須是純粹的，即毫無經驗性內容，同時又是感性的。關於圖式，康德主要提到了三種：一是空間，即外部感官所有一切量的純粹意象；二是時間，即內感官一切量的純粹意象。三是數，即作為知性的一個概念的量的純粹圖式。

以時間為例，範疇運用於經驗事物，使兩者有同質性發生時，是透過時間的先驗確定而變成可能的。因為時間是普遍的而且依據驗前規則，因此在這一限度內，它與構成它的統一性的範疇同質。於是，時間就可以作為聯繫範疇與事物的橋梁，也就是圖式。

在理論層次上，範疇由之而必然如是產生，同時，這一感性形式也就含有知性最根本的特徵——範疇，感性無法脫離知性的某種影響而單獨存在。空間與數的圖式功能也能在時間這一圖式的範圍內討論，數之生成與表象之繼起都是時間之呈現的過程。其他的範疇，如實體性、因果關係、交互性、可能性、必然性等，也都能根據時間圖式來說明。

由此可見，一切圖式不過是時間按規則的驗前確定而己。這種規則是按各範疇的順序，與一切可能對象身上時間的系列、時間的內容、時間的次序及時間的全部有關係的。知性純粹概念的各圖式就是這些概念據以和對象發生關係進而具有其意義的真正的而且是單一的條件。康德說：「沒有圖式，各範疇就僅僅是知性對概念的機能，而並不表現任何對象。」圖式使形式實體化，使實體形式化，這主要是因為先驗知性概念的產生與運用是由先驗感性形式來設定其限度的，後者生成之初始就帶有驗前雜多的統一特徵，其所蘊含著的知性先驗能力將會漸漸地隨著經驗實體的影響，而獲得自身的運作機能，進而有意識地表現於認識活動中。

驗前判斷力憑藉自身的功能使範疇與感性產生驗前知識。所謂感性是指一般感性或驗前直觀，倘若這一驗前知識符合於一般規則即具有客觀有效性，那麼，我們就可以獲得知性之先驗原理，這種驗前判斷力稱為先驗判斷力。以先驗感性論為基礎，原理分析論將概念分析論與先驗感性論結合起來，換句話說，就是將實體與形式結合起來，但在實際認識過程中，這種形式與治療的差別幾乎不存在，也就是說它們沒有單獨存在可能，而是全部以統一的方式成為一種單一的能力。如此一來，知性、感性、判斷力就幾乎不再有質性上的根本差異，而是一種能力在不同認識階段所表現出的不同表象狀態。可以說，此時它更知性一些，而彼時它更感性一些。判斷力刪除了兩者之間的明確界限，而其中，圖式化則是判斷力的主要方式。

什麼叫本體

「本體」這一概念的產生是由於純粹的知性概念超出感性範圍以外以自身邏輯功能單獨發展。單純思維一個「本體」概念而不借助任何直觀，只具有邏輯的可能性而無現實性，這樣的概念被稱為「蓋然性」的概念。正因為

如此，康德才認為「本體」概念有一種消極的意義。「本體」的提出有助於為「物自身」提供一種修辭方面的「保護」。

先驗分析論導致了這樣一個結論：即知性在驗前所能做到的最多是預測一般可能的經驗形式。知性的純粹概念不允許有其先驗的用途而無經驗性的用途。以經驗為中心的「驗前可能──驗後實際」這一知性認識模式為條件，直觀性原理也就成為說明一切知識之是否可能的最重要標準。

「本體」概念沒有任何感性直觀基礎，因此，康德企圖透過「知性直觀」這一方式來說明它，但是，「知性直觀」這一詞本身就充滿矛盾，因為知性中所有的純粹概念（即範疇）作為我們感性直觀的純然形式，不能應用於知性存在物，而只能應用於相應的感性存在物。

總之，「本體」與直觀缺少必要的關聯。「本體」這一概念的產生是由於純粹的知性概念超出感性範圍以外以自身邏輯功能單獨發展。單純思維一個「本體」概念而不借助任何直觀，只具有邏輯的可能性而無現實性，這樣的概念被稱為「蓋然性」的概念。正因為如此，康德才認為「本體」概念有一種消極的意義。「本體」的提出有助於為「物自身」提供一種修辭方面的「保護」。康德說：「一個本體的概念──不是作為感官的對象而被思維，只是透過一種純粹知性，作為物自身而被思維的這種事物的概念──這絕不是矛盾的。因為對於感性，我們不能斷言它是唯一可能的直觀。而且為了防止感性直觀擴張到物自身，以便對感性知識的客觀有效性加以限制，本體這個概念就是必需的。感性直觀所不適用的其餘一些東西就稱為本體，這樣做的目的是要說明，感性知識不能把它的領域擴張到知性所思考到的一切事物上去。因此，本體這個概念僅僅是限制性概念，其作用是要抑制感性的僭越；因而它就只有消極的用途。」

感性與知性本身不可分，因此，單純從其實際功能來說，不管怎樣都包括不了本體的概念，與感性對立的本體，知性即便假設性地「賦予本體以直觀」，也無法說明如何與本體聯結起來。很顯然地，除了在限制性的（即消極）意義上確立「本體」外，還需要另外一種認識功能驅使著影響知性做出不符合自身屬性的用途。

什麼叫理性

理性的概念即理念總是相對於知性的概念即純粹概念來設定的。康德說：「我們可以把知性看作以規則為橋梁來獲得現象統一性的一種能力，而將理性看作在原理之下獲得知性規則的統一性的一種能力。據此，理性就絕不直接致力於經驗或任何對象，而是致力於知性，為的是透過概念而給知性的雜多知識以一種驗前的統一性，這種統一性可以稱為『理性的統一性』，它和知性所完成的任何統一性在種類上是完全不相同的。」

先驗辯證論延續前面提到的先驗幻象問題。確切地說，是超驗幻象，儘管它是由知性的先驗原則脫離於感性經驗而導致的，但先驗與超驗彼此並不能相互替代。純粹知性原理，其所謂的先驗指的是在正面意義上所具有的一種驗前規則，而超驗則是由於判斷力之誤用而導致知性脫離感性而產生的一種負面意義上的驗前形式。超驗幻象是理性在特殊方式下的使用，康德在此稱之為「純粹理性」。

先驗辯證論的任務便是要澄清理性的這一誤用，將理性歸屬於正確的功能位置。理性的邏輯使用在先驗意義上與知性並不相同，知性的純粹概念不能綜合性使用，即範疇不能獨立於經驗而做出任何綜合判斷，因此，僅僅依靠範疇不能形成任何概念；但是，在理性的先驗性方面，其所依據的原理卻允許理性採取一種先驗綜合判斷的方式，此時它不以經驗性原則為依據，而只處理諸知性規則間的統一性。

康德說：「我們可以把知性看作以規則為橋梁來獲得現象統一性的一種能力，而將理性看作在原理之下獲得知性的規則統一性的一種能力。據此，理性就絕不直接致力於經驗或任何對象，而是致力於知性，為的是透過概念而給知性的雜多知識以一種驗前的統一性，這種統一性可以稱為『理性的統一性』，它和知性所完成的任何統一性在種類上是完全不相同的。」由此可見，理性相對知性來說並不涉及直觀，而只涉及概念與判斷，它所依據的原理則是對透過知性所獲得的受條件限制的知識尋求無條件的東西，從而使受條件限制的東西達到完整的統一性。所以說，這種原理只是一種主觀的規律依照秩序處理我們知性的所有物，即具有主觀規律有效性而非客觀規律有效

性。純粹理性的先驗原理在其綜合的知識裡面依據於理性三段論中的形式邏輯，不涉及直觀，只涉及概念與判斷。

理性的概念即理念總是相對於知性的概念即純粹概念來設定的，「由『知性概念』所形成的超過經驗可能性的概念就是『理念』，或稱『理性的純粹概念』」。柏拉圖提出的理念被界定為「一般的理念」，因為康德要由此給出「先驗理念」的說法，它要透過純粹理性而非一般理性來獲得。純粹理性所產生的先驗理念乃是一種超驗幻象，對它的批判並使理性有其恰當的應用，就是先驗辯證的主題。

在知性認識中，知性的純粹驗前概念作為本原，在一切經驗之先就指示綜合統一性，從而使經驗性知識成為可能。理性依據三段論式的推論，認為範疇之先也存在著一個起源，即它是知性純粹驗前概念的驗前概念，這一驗前概念按照原理來處理知性乃至於說明其根源，我們稱之為理性的純粹概念或先驗理念。先驗理念是受條件限制的諸東西的第一因，即不再受任何條件限制，也可稱為關於條件的全體性根源。普通理念即柏拉圖的理念，包含諸類、種或群的原型，而康德的先驗理念只近似於柏拉圖最高原型的理念。由於是知性的統一性盡可能地擴張到不受條件限制的東西上去，所以沒有任何與先驗理念相稱的對象能在任何時間中發現於經驗中，同時，它又是符合我們人類理性的本性的。

對先驗理念問題的陳述與解答

先驗理念與所有一般條件的無條件綜合統一性有關，它的體系包括三類：第一類，包含著思維主體的絕對統一性，它屬於一種理性心理學，如「我思」等單純性問題；第二類，現象的條件系列的統一性，它屬於宇宙論範圍，如第一因問題；第三類，一般思想的一切對象的條件的絕對統一性，它可以視為前兩類的綜合，即在萬物之上有一個精神性的第一因，如「上帝」，屬於神學範疇。

「先驗」一詞是由先驗分析論中知性認識原理所確定的，它意指符合於經驗對象的驗前知性概念。但在先驗辯證論中，康德將它與理念組合起來，

這似乎有點不夠貼切。可是首先,純粹理性的先驗理念就其自身體系來說是自明的,它是在知性──經驗的基礎上,由知性對其起源做深入研討且依照某種「原理」而構築起來的,因此它本身是「符合規則的」,而且有其經驗性的出發點──儘管它最終所要達到的目的絕非經驗性的,同時也有其驗前邏輯形式性,因此,「先驗理念」一詞就在這樣的條件下塞給了我們。

先驗理念與所有一般條件的無條件綜合統一性有關,它的體系包括三類:第一類,包含著思維主體的絕對統一性,它屬於一種理性心理學,如「我思」等單純性問題;第二類,現象的條件系列的統一性,它屬於宇宙論範圍,如第一因問題;第三類,一般思想的一切對象的條件的絕對統一性,它可以視為前兩類的綜合,即在萬物之上有一個精神性的第一因,如「上帝」,屬於神學範疇。這三種先驗理念間有其聯結和統一性,其中滲透著邏輯形式:如靈魂與上帝形成綜合概念時有可能導致靈魂不滅論;而透過靈魂論有可能達於宇宙論,直至關於上帝的神學觀,這是一種分析判斷。

三種先驗理念都由辯證推理而來,它們都只能說是「貌似理性」。由於沒有相應的直觀,因此,我們稱其為「蓋然性」的。就其自身而言,其產生又存在某種必然性,即符合人類理性本性的某些方面。在此,康德在說明三種先驗理念是經過什麼樣的辯證推理得到的同時隨即展開了批判。康德將第一個先驗理念的批判與說明命名為「純粹理性的謬誤推理」,第二個命名為「純粹理性的二律背反」,第三個稱為「純粹理性的理想」。

一、「純粹理性的謬誤推理」

「純粹理性的謬誤推理」是針對笛卡兒的「我思,故我在」來進行闡釋的。「我思」是一個理性的先驗心理學概念。身為一名唯理論者,笛卡兒強調單純的思維的我作為實體而存在,它是絕對主語、自存的存在者,沒有其他條件為支撐,此時的主體思維被抽掉了所有現實經驗而成為抽象的,且由此還可能發展成為獨立的靈魂概念。

康德的證明試圖推翻這一理論。康德認為,「我思」不能做為一個實體,因為實體必須要有直觀對象,而此時純粹的「我思」被認為是抽象的,從它

單純地發展出靈魂的概念以作為本體並不可能。唯理論者視「我思」為絕對主體，那麼則只能從中得出分析性概念來，但唯理論者一方面又將「我思」做為思維對象進而賦予其某些實際功能，這樣，「我思」必將成為一個述語並加以綜合性判斷，但是，綜合判斷必須要以直觀對象為基礎才能成立，因此，「我思」在這一條件制約下，沒有存在的可能。

總之，「我思」說到底只是意識的統一性而已，其發生一方面源於先驗統覺的心理功能；另一方面源於範疇的先驗規則，二者結合為意識之統一性，則只能由經驗實現其存在，否則只是一種純形式。我們只能存在於思維裡，而無法脫離出去，即又將它做為對象（述語）來思考。康德說：「沒有『內感官』就無法有『我思』發生，但是內感官的直觀所呈現出來的對象不是作為『物自身』，而只是作為現象，因此，在這裡就不但有思想的自發性，而且也有直觀的感受性，即關於自己的思想用於關於自己的經驗性直觀。」

二、「純粹理性的二律背反」

「純粹理性的二律背反」重點探討的是關於宇宙的先驗理念問題。理念本身並不是範疇，先驗理念也與範疇存在區別。但理念本身確實往往又由知性的純粹概念，即範疇衍生而來，兩者有著邏輯形式上的共同性。

康德說：「我們必須認識到，純粹而先驗的概念只能由知性產生。實際上，理性無法產生任何概念。理性所能做的最多只是使知性的概念不受可能經驗不可避免的種種限制，從而設法將這種概念擴展到經驗性東西的限度以外（儘管事實上依然與經驗性的東西有關）……將範疇轉變為一種先驗的理念。因為只有將經驗性綜合擴張到無條件的東西這麼遠，才能使之成為絕對完整的；可是無條件的東西絕無法在經驗中發現，而只在理念中才能被發現。理性提出這種要求，是依照這條原理而來的……如果受條件限制的東西是被給予的，則一切條件的整個總和，即絕對無條件的東西（只有透過此無條件限制的東西，受條件限制的東西才成為可能）也就是被給予的。

因此，先驗理念首先就不過是範疇擴充到無條件的東西，而且可以還原為一個依照範疇四種項目而排列的表。其次，不是所有範疇都適合這種情況，

只有那些綜合由以構成『互相隸屬而不是彼此並列的條件系列，以及能產生一種受條件限制東西的系列』的範疇，才是適用的。」

在三個主要先驗理念體系中，理念依照自身要求分別用到不同的範疇，但不能因此就認為範疇的某種單純發展產生了理念。理念由於受理性的導引，它所具有的統一性與知性的統一性有所不同，尤其是理性統一性，它是絕對無條件的，這不僅是由於求知慾所造成的幻象，此外還含有一種實踐興趣，這兩種興趣往往被混合在一起，不加選擇地被運用於各種領域。

純粹理性所依據的範疇主要是以下四個範疇：一是整體性；二是實在性；三是因果關係（也稱之為依存性）；四是必然性。整體性範疇涉及時間與空間，只要不牽涉到實體差異性，時間與空間可以用來說明任何其他範疇乃至原理。康德說：「任何給予的受條件限制的東西之條件系列的絕對整體，只和一切過去的時間有關係。」由此，時間可以被理解為理性向前追溯其開端從而給出絕對整體。

相較之下，空間由於「是一種集合體而不是一種系列」，因此沒有辦法後溯或者前進，但實際上，當我們把握一個空間時，仍是相繼而起的，即必須要有一種時間的介入，所以，時間性自始至終是本質性的。

另外，此部分空間之所以被給予是由於相關部分空間的限制，「就限制來說，在空間中的前進就是一種後溯，而種種條件系列中的綜合的絕對整體，這個先驗理念也就同樣適用於空間。」因此，理念也同樣要對空間上的絕對整體有所掌握。

偶然性範疇在被先驗理念運用時，它所遵循的緣由是「偶然的東西在其存在中必須總是視為受條件限制的，且要視為依照知性的規則指向它成為必然的東西所應具有的條件，而這種條件又指向一種更高的條件，直到理性最後在這個系列的整體中達到無條件的必然的東西為止。」在先驗理念體系中，必然性是無條件的絕對完整性，而偶然性則是有條件的、可變動的、依附性的。

由這四個範疇發展而來的四種宇宙論的先驗理念，其本身都存在正題與反題的衝突。這些學說既不怕有經驗的反駁，也不指望在經驗中得到證實，所以其正題不僅可以成立，其反題也同樣有效，它們可以不顧經驗而只在其自身的理性體系內尋找到根據。正題的擁護者可以稱為獨斷論者，反題的擁護者可以稱為純粹經驗主義者，四個二律背反就是分別從兩個對立立場上提出的主張。

康德認為，在知識領域裡，經驗主義者固然有其正確性，但若將人類理性僅侷限於此，那麼就會失掉實踐理性，而這也是一塊同樣重要的領域。經驗主義者鼓勵並促進了知識，但不利於實踐；實踐理性者提供了非常好的實踐原理，但它的弊端是允許理性對自然的現象做出觀念性的說明。

然而有人會問，我們的知性——理性認識體系，為什麼會產生這種二律背反呢？這到底是知性的有意誤用，還是因為迫不得已？康德認為，這種衝突並不是知性的有意為之，而是知性在運用過程中所必然牽涉的問題。而且，由於知性本身無力解決，因此，做為知性規則調節功能的理性從其限制性條件下解脫出來而行使組織性功能，驅動著知性分別從兩個方向駛向各自的理念。當我們重新反思理念與原來的知性概念關係時，發現它們之間存在著些許差異，用康德的話來說，「不是太大就是太小」。但是，知性的可能的經驗性對象是一個標準，無論在這一標準之上或之下，我們都稱它為一個理念。

倘若試圖解決宇宙論的先驗理念問題，就先需要透過先驗觀念論的證明。「在先驗感性論中我們已經充分證明，凡在空間或時間中直觀的東西，也就是說對我們而言的任何可能經驗的一切對象，都是單純表象。在它們的被表現方式上，它們作為外延的東西來說，或作為變更的系列來說，在我們的思想以外是沒有其獨立存在的。我們稱這種學說為先驗觀念論。」

與先驗觀念論相對立的是先驗實在論者，先驗實在論者認為在我們的經驗之外存在著實體。這類先驗實在論者同時也是經驗觀念論者，經驗只是被知覺到的表象，而物自身才是真正實在的東西，我們的認識也要以物自身為對象，這樣先驗理念就產生了。

另外，還有一類先驗實在論者不在外部感官上構建理念，而是去求助於內感官，即以「我思」為主體，或者以靈魂做為先驗實體支配萬物，具有絕對自主性。心主宰萬物，且以物自身而存在。一旦物自身被先驗理念的實在性所替換，那麼以上二律背反就必然會產生。

先驗感性論已經很清楚地告訴我們，現象做為單純的表象，在其本身來說只是在知覺裡面才是實在的，事實上，這種知覺無非是一種經驗性的表象的實在性。假如我們談論的是物自身，儘管我們可以說，它離開對我們的感官和可能的經驗的一切關係就其本身而言還是存在的。但是，我們在這裡所談論的只能是空間和時間中的現象，而空間和時間都只是我們感性的確定。但即便如此，「先驗對象」的概念還是存在的，它做為「一般現象」的純粹知性原因，是針對著可能的經驗性對象而言的。

宇宙論先驗理念的二律背反之所以產生，是由於二者都脫離了感性經驗的實在性而將表象與物自身等同起來，從而預先設定了一個絕對整體作為一個物自身是可知的或可能知道的。說到底，世界只在現象系列的經驗性回溯中存在，而不能做為某種自身存在的東西為我們所見。這樣，絕不能將這些系列視為依照其本身在其總體上是有限或無限的，而只能視為是在現象系列上的不斷被經驗。但倘若僅限於此，那麼，康德的理論就極容易被誤解為一種變形的經驗主義。而在這裡，康德從限定性方面肯定了純粹理性在認識過程中的積極作用。在限定性理念的驅動下，知性在經驗系列上不斷前行或回溯，總指向這個條件系列的最終完整性，但是永遠不像組織性理念那樣，先行設定一個實存的最高理念。不過，即便兩種方式同時存在也可以相互協調。理性的調節機能在應用時很難明確區分成兩種方式中的哪一種，而組織性理念做為一種先驗幻象，以預測方式將可能性經驗的不斷回溯做為知性的一項任務，這樣，我們的知識才能不斷擴大。

理性的限定性原理的使用本質即以經驗為基礎，這一原理適用於每一個宇宙論先驗理念的解決。總之，我們需要瞭解的是，在理性限定性原理內透過經驗之回溯可以確切地知道世界絕無限度，但是，由於經驗性回溯是不斷的，因此同樣無法得出有限度，這種經驗性論證使其區別於第一個先驗理念

二律背反中的那個反題（即「世界是無限的」），後者是一種先驗性論證，即「把感性世界視為在其自身、在其總體上先於任何回溯而被給予出來的東西，」屬於獨斷主義。

第二個先驗理念，其衝突主要集中於以單純——集合（非單純）哪一個為實體的問題。限定性原理決定了我們只能這樣看待「為求得最後的單純性」，而對一個集合體所做的分割。康德說：「雖然所有部分都包含在關於全體的直觀裡，但是全部分割卻不包含在這種直觀裡，而只是包含在這個不斷的分解中，即包含在這個回溯的本身中，系列正是由於這個回溯才初次成為現實的。」

關於空間的分割與物體的分割也是同樣的道理，物體的分割也可置換為第一個先驗理念近似的空間有限或無限的命題。很顯然，先驗理念又一次使我們事先假定了一個包含所有部分的全體。它是絕對實存的。而限定性原理要求我們將這個理論顛倒過來，即首先著眼於經驗性部分的不斷分割，然後可以據此設定一個單純的有限分割理念或集合的無限分割理念，它可以驅動知性不斷在經驗中前進，同時也不會獨斷地認為其最終結果（即理念）是實在的。是否存在一個相應的直觀，是經驗性分割與先驗性分割最本質的區別所在。

上述兩種宇宙論的先驗理念主要是一種數學的綜合，而接下來要探討的兩個先驗理念則屬於力學的綜合，其絕對理念如自由或上帝都不在現象的系列條件上，是異質的、非感性的，只能是知性超出經驗之外的一種「想像」。

宇宙論的第三個先驗理念由於要探討一種異質的概念，因此，自然與自由之關係問題就值得探討。它們為什麼在本質上相互區別卻又在形式上統一於一種理念體系中呢？在此，我們仍要求助於知性與感性這兩種功能。

自然的條件系列所運用的是感性的因果律，而自由做為純然知性的產物要成為自然的原因則只能運用到知性的因果律，換句話說，因果關係範疇此時做為理性的一個原理單純地發展其形式方面。同樣是因果關係，但是在不同的認識功能中帶有不同的特徵，在此，我們用「性格」來稱謂它。先驗理念展現著知性的這一性格，當它反映到感性現象系列之上時，則將帶有經驗

性性格，即開始受自然因果關係制約。據此，自然與自由在經驗——先驗的體系中得以確定。正常的知覺方式是：按照經驗性的性格來想它（指主體，即自由的先驗理念）。自由就是理性的產物。「自由」作為自然的第一因，意味著理性在這裡對於現象有因果作用，但是不能由於理性的知性性格必然展現於經驗性格中，而同時將自然因果關係貫穿於理性之中，也不能將自由用自然因果關係來加以說明。

自由做為先驗理念，不存在任何感性條件，即不受時間與空間的制約。理性的這一因果作用從本質上有別於感性的因果關係，雖然兩者都使用因果關係範疇。在理性與感性之間產生因果聯繫，不能簡單地從思辨的角度去分析它，而是要由實際行動來說明。正如康德所說，「理性並不遵從事物在現象中所呈現的那種事物秩序，而以完全的自發性按照理念為它自己構成的一種秩序，而使經驗性的種種條件適合於這種秩序，且按照這種秩序來宣布種種活動是必須的，即便這些活動是從來沒有過，且也許永遠不會有的。並且，理性也同時預先假設它對於這一切活動是發揮因果作用的，否則就不能指望從它的理念獲取任何經驗上的結果。」

宇宙論的第四個先驗理念所說的是實體本身的無條件存在，而並非是說無條件的因果作用。康德說：「因為現象的存在——這些現象絕不是自為根據，而總是受條件所限制的——要求我們到處去尋找與一切現象不同的某種東西，就是說，尋找一個在其中這種不必然性可以終止的知性對象。」但是，在實踐理性方面，它的存在之必要性顯然是可以被證明的，只有在這時，我們才可以將它視為一個組織性原理。

第四個宇宙論先驗理念其反題方面就這樣獲得了意義，它促使我們必須放寬眼界，以一種完全不同於知識論的眼光來衡量新的概念，純粹理性的理想就從這個角度衍生出來，在這一術語的輻射之下，儘管我們仍主要是從思辨理性角度來討論理念，但不再採取一味駁斥的態度，而是對這一術語來源的必然性方面做出有益的思考，進而也為過渡到實踐理性問題進行鋪墊。

三、「純粹理性的理想」

純粹理性的理想是具有圓滿性、完備性的理念，儘管我們無法承認它們有客觀實在性，但也不能因此就將之歸納為虛構的幻象。它們為理性提供標準，使理性能夠預測出不完善的東西。這一理想往往與其他理念構建統一的理念體系，且使經驗上可能的統一性接近這一系統的統一性，但從沒有完全達到。

在思辨理性中，這個理想是「一切存在之物可能性的最高的而且完全的實體條件——一切關於對象的思想，就對象的內容來說，都必須回溯到這種條件。這也是人類理性所能有的唯一真正理想。」這個理念僅僅是預先在驗前概念上假設成立的，目的在於從一種確定的無條件的總體得出受條件限制的總體。因此，這個理想是所有東西的原型或是根據，其他現實的東西只能部分地模仿它，但此時不可能與它完全同質，即依據力學的關係而非數學的。原型與摹本的區別是，前者只是後者的根據而非總和。

先驗理想與一般理念的一個重要區別是，先驗理想是在統一的理念體系中做為最高點存在著的。其中的統一性功能是從運用於經驗的知性規則那裡借過來的。這種統一性原本發生在知性對經驗的應用上，而知性只對經驗採取雜多的統一性處理方式，即僅僅侷限於一些個別的具體經驗材料上。但在先驗理念那裡，由於要將所有經驗做為一個整體，此時就只能在理性的支持下進行一種集體化的統一，先驗理想被設定為這統一體的最終根源，原來的一般知性原則現在成為了純粹知性原則，它具備了概念的客觀性。

先驗理想很容易使我們向上帝的概念靠攏。康德說：「倘若在窮迫我們這個理念的過程中，再進一步將它實體化，我們就能透過最高實在這個純然概念而將這個原始存在者確定為一個唯一的、單純的、永恆的等等的存在者。簡單點說，我們透過一切斷定就能在它的無條件的完整性上確定它。這個概念，在其先驗的意義上來理解就是上帝的概念；如此一來，純粹理性的這個理想，就是先驗神學的對象了。」

　　上帝這個概念是一切先驗理念所要取得的最終成果。思辨理性能夠得出它是以三種證明方式為途徑的。這三種證明方式：一為本體論的，即抽掉一切經驗，從純然概念完全驗前地論證到一個最高原因的存在；二為宇宙論的，即從一般存在的經驗出發；三為自然神學的，即從一定的經驗和由經驗而知道的感性世界的特殊造性開始，按照因果作用的規律上升到這個世界以外的最高原因。

　　純粹理性的理想容易導致上帝觀，但是嚴格來說，先驗神學與自然神學屬於兩種神學觀，先驗神學是純粹理性，只透過先驗概念思維它的對象，而自然神學則是透過類比於自然形式的合目的性而確定一個最高理智的存在，進而做為一個理念成立的。先驗神學包括宇宙神學和本體神學，自然神學基本上從與它們共屬的先驗神學的狀態下分離出去了。這種分離出去的自然神學又分兩種類型：一是稱為一般意義的自然神學；二是道德神學。

　　先驗神學做為理性神學之一種，只有以限定性的方式存在，才不會使我們在自然研究中產生幻覺。道德神學做為理性神學之另外一種類型，在行為實踐中具有其實際意義，也只有在這一點上，理性神學才有存在的必要。

　　倘若將先驗神學論者稱為神有論者，把道德神學論者稱為神治論者，那麼「神有論者相信有一個上帝，而神治論者相信有一個活生生的上帝。」

理性、知性、理念、經驗之間的關係

　　康德對先驗辯證論進行一番詳細的論證後，最後，他對理性、知性以及理念、經驗四個概念之間的關係做了集中表述：「理性對於對象沒有直接關係，而只是對知性有關係；它只有透過知性才有它自己特定的經驗性使用。所以理性並不創造對象的概念，而只安排它們，且給它們以統一性，換句話說，就是在概念得到最大可能的應用時，才能具有那種統一性。知性並不干涉這種總體，而只追問這種聯繫，即透過這種條件系列按照概念而自己得以成立的這種聯繫。因此，理性以知性以及知性的有效應用做為它的唯一對象。正如知性透過概念將對象裡的雜多統一起來那樣，理性也透過理念將概念的

雜多統一起來，以設定某一集合統一性做為知性種種活動的目標。而在別的方面，知性關心的只是個別的統一性。」

理性總要先行設定一個非真實的、沒有可靠經驗保證的先驗理念，以調節並組織知性諸原則的統一性。康德說：「這種統一性有助於我們為知性在其各式各樣而特別的使用方式中找到一個原理，像知性注意到還沒有被給予出來的事例，進而使它更為連貫一致。」

理念相對於理性就好比後者的圖式，知性透過理性的這一圖式結合而為統一性體系；但是其不同之處在於：「知性的概念應用於理性的圖式上時，並不產生關於對象本身的知識，而只產生知性一切使用的系統統一性的規則或原理。」「圖式」在此只發揮類比的作用，以此來說明，知性與理性的這種結合也要像純然知性概念應用於感性直觀時那樣，需要一座橋梁。相對來說，理念的圖式與感性的圖式沒有任何關聯，因為前者完全沒有可能經驗的內容。但理性的這種統一性對經驗對象依然存在間接作用，透過對知性的處理，理性「在那對象中並不確定什麼，而只是為了指出一種程序，使知性的經驗性的與確定的使用能由此與它自己達到完全一致。」

就這一點而言，我們可以說，純粹理性的原理對於經驗對象也有其客觀有效性。理性從來不設定對象的內容，而只作為「對於對象知識的某種可能的完成之關心而得來的一切主觀原理」，即只造成限定性的作用，從而，康德將它所確定的理念由「原理」改為「準則」，以便準確地適應於其自身的功能。對經驗事實來說，我們首先要查明其物理方面的聯繫，然後在此基礎上依照理性原則尋找更進一步的統一性，只有如此，有意圖的統一性這條原理才能總是有助於關於經驗的理性使用的擴大，而絕不會妨礙它。

理性的新途徑

康德對先驗辯證論的分析到此走向了它的結論，而先驗方法論是要進一步發展這一結論，以致徹底否定傳統形而上學，並為實踐理性及道德形而上學開闢新的途徑。

　　康德將傳統形而上學稱為「哲學」。倘若將哲學認為與數學及自然科學一樣是一門知識，那麼它的真實性就必須要以直觀為基礎。直觀有兩種類別，一是驗前直觀，一是驗後直觀。驗前直觀產生合乎理性的數學知識，而驗後直觀產生部分合乎理性的經驗性知識，即機械知識，也可以稱為自然科學。

　　哲學處理的是先驗概念之綜合的問題，一方面，哲學不屬於驗前直觀，儘管它運用驗前概念，但並不像數學那樣，這種驗前概念畢竟是由經驗直觀而來。比如需要一個三角形，我們不必實際地找到一個三角形體，只需要我們在腦海中形成一個普遍的三角形概念就可以。因此，康德稱數學為「理性按概念構成直觀性的使用」，而哲學卻缺乏這種「構成」；另一方面，哲學不考慮經驗性直觀，儘管它使經驗性知識的任何綜合統一性成為可能，但實際上這只是作為它的一個中間性手段而已，其最終所取得的概念如絕對必然性、第一起源、最高存在性、絕對單純性都完全無法為經驗直觀所證實。這樣，哲學便不屬於任何一種直觀性知識，儘管它與任何一種都貌似親和，但它處理的只是「先驗綜合概念」，而這一論斷本身是不成立的，只是一種虛妄之說。

　　由於缺乏直觀條件，哲學不存在像數學那樣所謂的定義、定理與實證。康德認為，哲學一方面處理經驗性概念，沒有下定義的必要；另一方面處理純粹知性概念或先驗概念，這時往往出於人的一種有意計劃性，而根本無法保證有相應的直觀被給予出來，所以，哲學不能下定義。其次，哲學也不能有定理，定理是不證自明，不需要演繹的，它直接由直觀經驗得出。最後，哲學也無須實證。用康德的話來說，哲學「毋寧稱之為講述的（論證的）證明，因為這種證明只是透過話語（思維中的對象）就可實現。」因此，根本無須實證。

　　哲學，由於其只是在概念中構建體系，即只以理念之系統統一性為目標，結果只是知識的邏輯形式而已。哲學家們可以無限地並完善地靠近理性及構建體系，但這仍然不過是一種自以為是的做法。他們不是發現理性中的理念，而是透過完美體系設立它。如此看來，「哲學」的基石勢必會被根除掉。正因為先驗理念的體系在思辨理性中禁不起推敲，所以，它根本無法構成任何

知識值得我們學習。但是，純粹理性的理念卻在實踐理性當中透過設定道德律以指導我們的行動而找到了一塊新的立足之地。

康德說：「古人用『哲學家』這個詞時，總是特指道德家說的。」道德律中有關幸福的概念，其中含有感性經驗的條件，但這也不足以說明整個道德律內涵。道德律做為純粹理性的理念儘管是針對感性世界來說的，但實際上，這個感性世界是被具有這一理念的人們視為一個「自身與他人在自由意志的基礎上結合成的一個系統的統一體」。而要想達到這一點，則必須要透過理性設定一個純粹理念才能完成。

道德律做為一種純粹理念，其根本上脫離經驗或感性衝動所提供的幸福感而透過理性為我們先驗地體會到，而成為一種純粹的自由。康德認為，自由是「一個不依靠感性衝動，只透過理性所提出的動機而被確定的任意選擇的意志，這種意志就稱為自由意志，而凡是與這種意志結合在一起，無論是做為根據還是做為後果，都稱之為實踐。」道德律做為「理性提供的規律，是命令宣示的規律，它告訴我們什麼是應該發生的，也就是說它可能永遠不會發生，正因如此，它不同於只與發生的東西有關係的自然律，因此這些規律須稱為實踐的規律。」

同樣由於實踐的原因，道德律為更好地約束我們的行為，掌控我們的行動，試圖與一個神學式的最高存在者聯繫起來，賦予其人格性，上帝的概念也就隨之產生了。同時，它也總被視作未來。康德說：「倘若沒有上帝的存在，也沒有一個我們不可見卻期望的世界存在，那麼道德的光榮理念儘管是人們稱讚的對象，但不會是意圖與行為的動機。」

至此，思辨神學完全被道德神學所取代，而思辨神學是從道德神學衍生出來的一種「幻覺知識」，它的作用僅僅是為了從知識角度使道德神學也具有思辨理性的支撐。用康德的話說，「一切目的的有系統的統一性必然導致一切事物的有意圖的統一性，而這一切事物是依照自然的普遍規律構成這種大全體的，從而將實踐理性和思辨理性結合起來。倘若這個世界要和理性的道德使用相一致——這種使用完全以至善這個理念為基礎——倘若要這樣，那麼就必須將這個世界表現為起源一個理念。如此一來，一切對自然的探討

就都會傾向於採取一種目的系統的形式，而這擴充到極點，就變為一種自然神學了。但是，由於這種自然神學在作為以自由本身的本質為根據的統一性之道德秩序中有其根源，而並非由於外來的命令偶然成立的，因此它就會把自然的有意圖性與必定在驗前和事物的可能性不可分割地聯繫著的那些根據結合起來，如此一來，就會導致一種先驗的神學──這種神學是以最高本體論的完備性這個理念做為系統的統一性之原理的。」

康德的這一番詳細闡釋，使我們更清楚地知道，人類理性有兩個對象：一是自然；二是自由。因此，人類理性不但包含著自然律還包含著道德律。康德說：「自然的哲學討論的是一切實在的事物，而道德哲學討論的是應有的事物。」

正如我們前面所談到的，自然神學、先驗神學都是在道德神學基礎上，即實踐性的合目的的衝動中被人建立起來。因此，形而上學也被分為純粹理性思辨使用的形而上學和純粹理性實踐使用的形而上學，也就是自然形而上學和道德形而上學。自然形而上學包括從概念得來的一切純粹理性原理，且用於一切事物的理論知識中；道德形而上學包括在驗前方式確定我們的一切行為與疏忽，並使之成為必然的那些原理。道德是完全能夠驗前從原理得出而適用於我們行為的唯一法典。所以說，道德形而上學事實上就是純粹道德哲學，它並不以人類學或其他的經驗條件為基礎。形而上學一詞從其嚴格意義上，通常是保留給思辨理性的形而上學使用的。但是，由於純粹道德哲學實際形成了從純粹理性而來的人類哲學知識這個特殊部門的一部分，因此，我們為純粹道德哲學保留「形而上學」這個名稱。

第二輯 康德的認識論

　　康德的知識論是建立在二元論和不可知論的基礎上的。他將世界分為本體界和現象界，我們能夠認識的只有現象界，本體界是不可知的。康德之所以如此二元劃分，是因為他意識到了事物呈現於我們的樣子或許並非其實際的樣子，要理解這一劃分，必須要拋棄樸素的自然態度，採取哲學嚴謹的態度。

▌範疇

　　關於範疇的概念在第一輯裡有所涉及，在此不再重複。本節康德將範疇分四組排列，每組包含三個範疇。他說：「每組內包含三個範疇，這是有原因的。深入一步考察便能發現，每組的第三個範疇由第二範疇與第一範疇相聯結而發生。」例如，量的第三範疇「總體」便是「多數」的「統一」；質的第三範疇「限制」則是與「否定」相聯繫的「實在」；而「交互」乃是彼此相互規定的「實體」的「因果關係」；「必然」正是通由「可能性」自身被授予的現實「存在」。

知性與感性的互動性

　　判斷本質上是使表象產生統一性的一種知性主動作用。而透過各種判斷形式展現出來發揮著綜合統一的功能，便是所謂「知性純粹概念」。而所謂「知性純粹概念」，康德認為，也就是範疇。康德的「先驗邏輯」是將形式邏輯（判斷形式）透過心理學（功能），而歸結為哲學（範疇）。

　　康德將人的知識分為感性與知性兩大部分、兩大根源。康德說：「我們的知識發自心靈的兩個基本源泉，第一個是接受表象的能力（印象的承受性），第二個是透過這些表象以認識對象的力量（概念的主動性）。透過前者，對象被給予了我們。透過後者，對象在與表象的關聯中被思維。因此，直觀與概念構成我們一切知識的要素。有直觀而無概念，或有概念而無與之相對應的直觀，都無法產生知識。」

康德又說，「倘若將心靈的承受性，即當心靈被刺激而接受表象的力量，稱為感性，那麼，心靈從自身產生表象的力量，認識的主動性，就應該叫做知性。我們的本性便是這樣構成的，即我們的直觀永遠是感性的，也就是說，它僅僅是我們被對象所刺激的方式。另一方面，使我們能思維感性直觀對象的，是知性。感性與知性誰也不比誰優越。這兩種能力不能互換其功能。感性不能思維，知性不能直觀，只有透過它們的聯合，才能發生認識。」

　　由此我們可以看出，康德將感性與知性視為相互獨立的兩種能力。康德認為，感性與知性無論從來源、本性和作用來分析，都不能由一方產生另一方。它們應相互對峙，如下表（表一）：

感性	來自對象；被動接受；雜亂無章；特殊內容；主觀的；經驗的；……
知性	來自主體；主動創造；綜合統一；普遍形式；客觀的；先驗的；……

　　很顯然，康德強調感性與知性的聯合才產生知識。康德所強調的「聯合」，是知性主動作用於感性的結果，是知性對感性的規範、組織與構造，即綜合統一直觀提供的感性素材，將它們組織到邏輯形式的概念系統中去，才產生認識，也才使一切知識成為可能。

　　康德在先驗分析論裡闡述的就是這個問題。所以說「先驗分析論」屬於「先驗邏輯」的範圍。「先驗邏輯」與傳統的形式邏輯存在許多差異。康德認為，傳統的形式邏輯以不矛盾律為基礎，是分析的，它處理的只是一些思維的必要形式。「先驗邏輯」卻並非如此，「先驗邏輯」是綜合的，它要求認識與對象相一致，涉及認識內容。康德認為，這才是真理的邏輯。真理的邏輯講的是既獨立於經驗而又使經驗成為可能的思維條件，也就是分析純粹知性的概念和原理，用它來作為自然科學的「先驗」基礎。

　　康德提出的這個「先驗邏輯」是對唯理論的駁斥，反對僅由一般邏輯就能解決認識問題，靠矛盾律（分析）就能認識世界的觀點。康德認為，幾何、算術的定理由於與感性相聯繫，是自明的；但像力學的定理便缺乏這種感性直觀的自明性，從而需要經過先驗的邏輯演繹來保證它們的客觀、普遍必然性。

　　知性既然被康德認為在根本上不同於感性，純粹知性的概念和原理便不能來自任何感性印象或經驗，因而只能到知性活動自身中去尋找。康德認為，知性活動主要是進行判斷，「我們將知性的一切活動稱作判斷」。關於判斷的概念我們在第一輯裡提到過，判斷就是應用概念和統一表象。概念如作為活生生的思維活動，便與判斷不可分，它實際上是綜合的產物。不需要認識的概念毫無意義，而進行認識便是判斷。認識不是一種心靈狀態而是一種心靈活動，因此應注重判斷活動，實際上，這就是主張先有判斷後有概念。判斷在此並非是一種形式上的邏輯規定，而是涉及認識論內容，它所指的是統一意識的基本活動和功能。

　　康德在處理知性時，將功能與形式等同起來，判斷的功能等於判斷的形式。因為，康德認為知性的作用本在於綜合統一直觀表象以構成各種判斷，產生出各種判斷形式，發揮綜合統一的主動功能。很顯然，「綜合」在這裡是關鍵，它將原來感性、知性的心理學式的二元打破了，強調兩者相結合。同時，將感性歸屬於知性（唯理論）或將知性歸屬於感性（經驗論）也被打破了，指出兩者來源不同，不能混為一談。要形成認識，必須透過綜合，使兩者結合起來，在這綜合中，發揮主動作用的是知性。

　　判斷本質上便是使表象產生統一性的一種知性主動作用。而透過各種判斷形式展現出來發揮著綜合統一的功能，便是所謂「知性純粹概念」。而所謂「知性純粹概念」，康德認為，也就是範疇。康德的「先驗邏輯」是將形式邏輯（判斷形式）透過心理學（功能），而歸結為哲學（範疇）。

　　康德繼亞里斯多德之後，將形式邏輯的判斷形式作為功能提高到認識論的高度，強調提出了範疇問題。亞里斯多德的範疇是關於存在（事物、對象）的本體論範疇，康德在此所指的範疇則是關於思維的認識論範疇。康德在繼承亞里斯多德思想之後提出了這樣一張範疇表（表二）：

範疇表			
I	II	III	
數量範疇	性質範疇	關係的範疇	程態範疇
整體性	實在	實體與屬性	可能性——不可能性
多數	虛無性	因果	存在性——不存在性
全體性	限制	交互性	必然性——偶然性

　　康德在將邏輯的判斷形式推演為範疇表時，很顯然有過變動。前者基本上只是外在的形式分類，而後者則過渡到了內容。這種變動具有很大的主觀隨意性。一方面，從十二種判斷形式推演出十二個範疇，存在是否窮盡了範疇的問題。很顯然不可能窮盡，範疇絕不止康德所列舉的這十二個。康德在「反思概念的含混性」中曾列舉出「同與異」、「一致與反對」、「內與外」、「實體與形式」四對概念，認為它們因與感性有關，所以並不是範疇。但實際上這些概念與康德的十二範疇的區別並不像康德所說的那樣明顯、確定。康德把範疇及其標準完全關閉在形式邏輯的判斷形式內，是一種給定而非發展的觀點。

　　另外，為了對應十二種判斷，康德的十二個範疇中有些是為了湊數而列出的，因此，這些湊數的範疇並不為康德所重視，實際用到的只有八個範疇，質、量範疇各只一個，「多數」、「虛無」等範疇，康德也沒做深入論述。有些十分重要的範疇，如關係的範疇是康德整個範疇表的核心，可是又與其他範疇平列在一起，無法突顯它的重要地位和意義。可以說，這張範疇表是靜態的、相當呆板的。

　　但從哲學史上來說，康德從傳統邏輯的判斷分類過渡到「先驗邏輯」的「範疇表」，這說明康德企圖透過挖掘形式邏輯的根源，來探究人們邏輯思維的本質，提出從思維判斷中提取範疇的標準和原則，指出人們長久以來的思維形式中包含著更深一層發揮綜合統一作用的知性功能。這樣一來就與笛卡兒和萊布尼茲等人的「天賦觀念」的唯理論存在很大程度上的不同，此外，也不同於形而上學的經驗論。他將認識論的問題提得更深刻了。康德的做法為認識論、邏輯學、辯證法的緊密聯繫，為著重研究人類認識的能動性提供了課題，開闢了道路。

　　康德把十二個範疇分四組排列，每組包含三個範疇。他說：「每組內包含三個範疇，這是有原因的。深入一步考察便能發現，每組的第三個範疇由第二範疇與第一範疇相聯結而發生。」例如，數量的第三範疇「全體」便是「多數」的「全體」；性質的第三範疇「限制」則是與「虛無」相聯繫的「實在」；而「交互」乃是彼此相互規定的「實體與屬性」的「因果關係」；「必然」正是通由「可能性」自身被授予的現實「存在」。

　　康德在論述和研究範疇時所集中注意的，是範疇作為「知性純粹概念」如何運用於感性，如何與感性經驗相聯繫，亦即「綜合」問題。範疇實際上是康德所強調的「綜合」的具體形式。

「先驗架構」──一方面是感性，一方面是知性

　　康德所指的「架構」並不是具體的感性形象或意象，而是一種指向概念的抽象的感性，它並不等於概念，而是概念性圖式化、感性化的東西，大致相當於某種圖表、格式、模型等，如設計圖、化學元素週期表、人體解剖圖之類。他認為「先驗架構」必須沒有任何經驗內容，必須是純粹的。同時，「先驗架構」必須一方面是感性，另一方面是知性。

　　康德認為範疇是先驗的「知性純粹概念」，因此與普通的概念不同，與經驗也毫無關係。既然如此，那它們又是如何運用到感性直觀上去的呢？普通的概念是由經驗提升而來，概念與直觀有同質的東西，因此，反過來將概念運用於直觀沒什麼困難。但是範疇卻並非如此，它們作為先驗的「知性純粹概念」，與感性直觀沒有絲毫共同之處或是相通的地方。康德說：「因為知性純粹概念的確與經驗直觀、與所有的感性直觀有根本上的不同，因此，不可能在任何直觀中遇到它們。沒有一個人會說，範疇，例如因果，能透過感性被直觀到，它本身包含在現象中。」

　　那麼，直觀的材料包括在純概念之下，範疇應用於現象，又是如何做到的呢？很顯然，這裡必須要有某種第三者存在，一方面要與範疇相一致，另一方面又要與現象相一致，這樣才有可能使前者應用於後者。這個中間表象

必須是純粹的，就是說沒有任何經驗內容。此外，它也必須一方面是知性的，另一方面是感性的。這樣一種表象便是先驗架構。

康德所指的「架構」並不是具體的感性形象或意象，而是一種指向概念的抽象的感性，它並不等於概念，而是概念性圖式化、感性化的東西，大致相當於某種圖表、格式、模型等，如設計圖、化學元素週期表、人體解剖圖之類。為了更具體地說明什麼是「架構」，什麼是「意象」，他以數學為例說，「‧‧‧‧‧」，這五個點便是意象，而不是架構。數字五，則是架構，而非意象。一個大的數字（如五位數），就更明顯，它是架構，而無意象可言。又如幾何學的三角形（實物），就是架構，它與圓有所不同。我們很容易能從圓形事物中得出圓這個經驗，但是我們不能有三角形的意象，我們的意象只能是直角三角形、銳角三角形或鈍角三角形，不可能是一般的三角形。

所以說，意象是特殊的、具體的感性形象，而架構則是更為抽象的感性結構。所有意象都是感性的，但並非所有感性的東西一定都有意象，架構便是如此。架構既非經驗的概念，也非事物的形象，而是一種概念性的感性結構方式、結構原則或結構功能。它是主動構造的某種規則，而非被動接受的某種形象。如狗的架構就不是某種或某隻具體的狗的形象、圖畫，而是一般具有狗的特徵的四腳獸的構圖（如狗的解剖圖）。

總之，所謂架構，是指一種抽象的感性結構，是做為接通具體感性材料的仲介和途徑的一個關鍵環節。架構成為知性與感性的交叉焦點，它的主要特徵是主動創造的抽象化感性。

康德認為，時間符合上述「先驗架構」的三個條件。「先驗架構」必須沒有任何經驗內容，必須是純粹的，時間做為純粹直觀正是如此。同時，「先驗架構」必須一方面是感性，另一方面是知性。在康德看來，時間也符合這一要求。時間一方面作為先驗的感性直觀形式，所有事物必須在其中才能為我們所感知，沒有時間或不在時間中的對象，根本不是認識對象。我們認知一個建築物，需要經過一個感知的時間連續的過程，這只有與時間聯繫起來，房屋才能成為認知對象。

　　另一方面，時間作為內部感覺，又與知性範疇的根源有密切關係。時間意識與「自我意識」息息相關，後者必須在時間中展開，為時間所限定。所以時間又具有知性特徵。一方面，時間是直觀的純形式，與感性相聯；另一方面，時間又具有普遍的主動性，與知性相通。康德說：「時間的先驗規定是如此地與範疇相一致（它構成整體），它是普遍的和建立在先驗規律之上。另一方面，它又是如此地與現象相一致，時間包含在任何雜多（即多樣性）的經驗表象中。從而，透過時間的先驗規定，範疇應用於現象成為可能。它作為知性概念的架構，是使現象材料屬於範疇的仲介。」

　　關於架構的概念，康德在其晚年的時候又進行了一次比較簡明扼要的介紹。他說：「將一個經驗概念置於一個範疇下，似乎是內容上不同種類的東西的從屬，這在邏輯上是矛盾的，倘若沒有任何仲介的話。然而，如果有一個仲介概念，就可能將一個經驗概念置於知性純粹概念之下，這就是由主體內部感覺表象綜合出某物概念，作為這樣的表象，與時間條件相一致，表現出是依照一個普遍規律先天綜合出來的某物。它們所表現的與綜合一般的概念同類，從而依照它的綜合統一就可能把現象從屬在知性純粹概念之下。我們稱這種從屬叫做架構。」

　　那麼，「先驗架構」到底又是怎樣來的呢？康德的解釋是，「先驗架構」來自一種先驗的「創造的想像力」的綜合活動。範疇得自邏輯判斷的純形式，如實體範疇來自作為一切賓詞的主詞，因果範疇來自「根據」這一邏輯觀念，它們都有純邏輯的抽象統一性；架構則不一樣，由於其與感性相聯繫，與雜多在時、空中的綜合相關，便不單純只具有純邏輯的意義，而是表現為時間中的永存（實體）和前後序列（因果）等。

　　在此，康德依然用經驗論（心理）來調和、糾正唯理論（邏輯）。架構化的範疇是先驗想像的成果，正是如此，這種先驗的「創造想像」便介乎感性與知性之間，可以說是知性對感性的某種主動活動或功能，不同於被動式的「再現想像」。「再現想像」是從意象的再現中抽象出來或是簡單歸納出來的。「創造想像」是與知性主動性相等同的東西，它實際上是知性主動性

的具體化。經驗對象統一的可能性來自知性，而具體地將直觀雜多統一為經驗對象的則是「創造想像」。

正是這種創造的想像提供規則和計畫，產生架構，如同「再現想像」產生意象一樣。普通的「再現想像」產生的意象，也只有透過架構才能與概念相聯結，由此可見，概念不受特定的經驗意象限制。這種架構的能力，康德認為是「潛藏在人類心靈深處的一種藝術，其活動本質的真實狀態很難讓我們去發現。」

知性的先驗原理

康德對「知性的先驗原理」的規定實際上是對時間架構的具體化。康德說：「範疇表十分自然地在構造原理表中給予我們以嚮導，因為後者不過是前者客觀應用的規則罷了。」因此，純粹知性的所有原理是：一、直觀的定理；二、知覺的預定；三、經驗的類推；四、一般經驗思維的準則。

康德認為，所有經驗或科學都必須在我們前面提到的四項範疇下透過時間架構才可能成立。如在《自然形上學基礎》一書中，康德將範疇應用於自然科學，便是將整個自然界作為運動的研究，分屬在四項之下：一、運動學：處理運動的量；二、動力學：處理運動的質；三、機械學：處理運動之間的關係；四、現象學：處理運動的狀態。

在知性先驗原理中，康德指出，範疇必須依據這些「原理」才能應用於一切經驗。如數量的範疇應用於經驗，使雜多的感知構成認識對象，就必須在「一切知覺都是延擴的量」這條直觀公理的先驗知性原理之下進行。康德認為，透過知性原理的闡述，結束「先驗分析論」，才能完成對「先天綜合判斷如何可能」這個認識論主題的解答。

康德從數學與力學的事實出發，提出「先天綜合判斷如何可能」的問題，把時空直觀、知性範疇作為二大先驗要素，透過形而上學和先驗的闡明，由抽象走向具體，到架構和原理部分，便是這個具體化的全面展開和完成。知性如何結合、駕馭和處理感性以構成認識，透過這種綜合的方法和道路，得

到了具體的表達；感性與知性在上面一直還是分割對立的，在這裡獲得了統一。

以下我們一一來了解純粹知性的原理。

一、直觀的定理

「直觀的定理」原理是：一切直觀都是延擴的量，這也就是時、空直觀形式的原理，它表現為所謂「時間系列」的架構。

直觀是由一部分到另一部分的不斷綜合，也就是部分的相繼出現，這便是時間的系列。只有在數量的第三範疇（全體）下，現象才為我們所認知，這是數學的先天原理。由此可見，先驗感性論講數學作為所謂「先天綜合判斷」，只講了時、空直觀的先驗感性形式，這是遠遠不夠的。包括幾何與算術在內的知識，也必須是感性與知性的結合，必須運用上述這個知性原理才行。感性與知性「二者聯合行使時，才能規定對象」。純數學的「先天綜合判斷」也同樣如此。康德認為，數學需要知性範疇（數量）及知性原理的參與，才可能產生。因此，這第一個「知性原理」也可說是感性論的直接引申。它的重要性在於指出任何認識對象必須有可計算性的數量，從而它是可分的，不能是一種不可分和不可計量的東西。康德認為，一切範疇都指向先驗綜合，倘若綜合的是同類的質料，那麼則表現為數學的功能；倘若不同類，便表現為力學的功能。

康德非常重視數量在認識中的意義，以數量來規定性質，強調數學方法在於構造對象，認為不能引入數學加以計算便不能成為科學。事實上，數學有著極為廣泛的普遍適用性，這種普遍性隨著經驗科學的進展變得越來越重要了。

二、知覺的預定

「知覺的預定」原理是：在所有現象中，作為感覺對象的實在，都具有強弱的量，即度。

康德說過，「無論直接或間接（即不管推理多麼遙遠），沒有知覺從而沒有經驗能夠證明現象領域中的一切實在可以完全消失。換句話說，絕不能從經驗得出虛空的時間和空間的證明」，「任何實在，按照其性質，都有特定的度。因此，充塞一個空間的膨脹物，如熱和類似的現象界中的任何其他實在，能夠無限地減少其度量，但也絕不會使這個空間的最小部分成為完全空虛。」

　　康德認為沒有絕對空虛的空間和時間，時、空作為直觀形式（數量），是與性質不可分的。康德肯定物質多樣性的存在，不認同用數量的增減來解釋性質。康德說，「凡實在皆有量，但不是延擴的量。」「現象領域中的實在常有一量，但因為對它的感知只透過感覺立即獲得，而不是透過不同感覺的連續綜合，從而不是由部分進到整體的。」這就是說，這種量不是延擴量，即不是感知所能繼續下去的時、空直觀形式的量。

　　「性質」的度量指的是，直接為感知所獲得的量。因為任何一刹那，感知對象總是一定的經驗物質的實在，具有不同的度量，也就是說具有一定性質的數量。這兩個數量彼此互不相干，前者關於直觀形式，後者涉及物質材料，所以前者是「直觀定理」，後者是「知覺預定」。「知覺預定」說的是知覺必須要有一定程度的度量，倘若這個量消失為零，那麼感覺就不存在，任何經驗認識也就不可能了。這種量不是透過時間的系列一部分一部分地給予的，而是當下在任何一個時間點上都必須具備的。

　　總之，康德認為，儘管感知的任何具體實體是什麼無法預先確定，但必須先驗地預定有經驗的實體存在，即必須具有外界物質實在作為知覺的內容。與「數量」的原理一樣，這個「性質」的原理，亦是一切科學認識的必要條件。由此可見，康德這條所謂「知覺預定」的知性原理，是將物質世界的客觀存在說成是「先驗的」規定。它有唯物主義的成分，但這成分仍然束縛於其先驗唯心主義的體系之下。

「實體」與「因果」

康德認為，在現象的一切變化中，實體是永恆者；它的數量在自然中既不增加也不消失。康德說：「我們認識一個對象時，不能將它視為只是一堆主觀感知，而應將它表象為一個事物的同時存在，人們看一座房屋，不會只是色彩、體積等感知的主觀感知，而認知它是一個同時存在的客觀對象，就必須有『實體』這個範疇發揮作用。這個範疇也只有在這種經驗中才有其作用和意義。」

在上一個標題中，我們闡述了康德四項範疇的原理屬於「數學的原理」的兩項。本節將對後兩項，即「力學的原理」部分進行探討。後兩項與前兩項有一定的區別：即前兩項是現象的直觀，表現出連續、極限等數學特性，直接與感性相聯繫；後兩項涉及本質的存在，與感性並無直接聯繫。前兩項是構造對象，後兩項是規範認識。前兩項有直接的自明性，後兩項則只有靠推論才成立。

因此，第三條原理便稱為「經驗的類推」。

「經驗的類推」的原理是：經驗只有透過知覺的一種必然聯繫才可能。意思是說：只有透過知覺間的某種必然聯繫的推論類比，經驗才是可能的。因為透過「數量」、「性質」原理，得到的仍然只是些直接的混沌感知，這還無法構成認識。要認識一個事物，必須要認識這個事物與其他事物的關係，立體的關係網，即它的上下左右，來龍去脈，絕不能孤立地去認識一個對象，如果孤立地去認識對象，是無法獲得認識的。

而對一個對象與其他對象之間關係的認識，不是僅憑直觀感知就可以獲得，必須經過思維才能發現。如，不能直觀感知因與果存在於兩件事物之間，只能推論它們如此。也不能直觀感知實體與屬性的關係，只能思維到有這種關係存在於所直觀的對象中。因此，康德認為，關係範疇的原理不是直觀的，而是推論的；也不是對一個對象做數學的直觀構造，而是指引人們對一個對象做所謂力學的邏輯組織。

關係範疇的架構是「時間次序」。康德說：「時間的三種形態為持續、相繼和並存，因此，時間中所有現象的一切關係也必須有三種規律，這些規律先於一切經驗，且使經驗成為可能。」但時間作為直觀形式不能獨立存在，因此，我們無法感知時間本身。時間的這三種架構本身也無法獨立存在，它們不能脫離感性實體的羈絆，必須在感性現實中才有意義。它們由現實事物在時間中的客觀關係所構成和決定。

康德認為，所有事物總在時間關係之中，倘若事物的時間關係不是經驗的對象，那也就不存在什麼經驗；倘若這種時間關係無法客觀地去規定，也就不存在經驗對象，而只能是些主觀的、偶然的觀念集合。另外，這三個架構本身是相互聯繫相互包含的。只有和相繼對應，才有持續，必須有持續，才可能出現相繼，這二者又都包含並存。三個類推處理的是同一問題的三個方面，尤其是「實體」與「因果」這兩個範疇，聯繫更為密切。

第一是實體原理：「在現象的一切變化中，實體是永恆者；它的量在自然中既不增加也不消失。」

康德認為，永恆者是時間自身的經驗表象的基體，時間的任何規定只有在這個基體中才成為可能。永恆性是現象的一切存在、一切變化、一切並存的相應的住所。在所有現象中，永恆者是對象自身。

相反地，變化或能變化的任何事物，僅僅是屬於實體或諸實體的存在方式。康德說：「只有先驗地設定實體範疇和永恆性持續原理架構，才能談到任何變化。因為變化總是某個東西（永恆者）的變化，有變化就一定有發生變化的不變者。沒有不變就無法知道變，沒有常在、永恆，就無法知道變動、遷易。而所有這些只能在時間中感知。」

每一個人的知覺都在時間之中，在時間中事物表現為延續、相繼與並存，因此，必須設定在知覺的對象中，時間有一個永恆性的基體。倘若沒有這樣一個持久不變的實體，那麼一切時間的經驗序列根本不可能。這個永恆性實體並不是時間本身，時間本身無所謂變與不變，它僅僅是主體的直觀形式。我們無法脫離事物去感知時間，而只是我們感知到的變化都在時間中而已。我們意識到時間中的延續、相繼、並存，實即我們從時間中意識到延續、相

繼與並存。由此可見，永恆性實體只能是一個時間中可感知的不變者，一個時間中的「某物」。至於這個「某物」到底是什麼，康德認為不能做出什麼規定，因此也沒有給出答案。

我們認識一個對象時，不能將它視為只是一堆主觀感知，而應將它表象為一個事物的同時存在。人們看一座房屋，不會只是色彩、體積等感知的主觀感知，而認知它是一個同時存在的客觀對象，就必須有「實體」這個範疇發揮作用，這個範疇也只有在這種經驗中才有其作用和意義。康德認為，如果實體去掉給人以「持久性的感知條件」，那麼，它不過是一種不能作賓詞的主詞，這種主詞的性質絲毫不能告訴我們什麼，對於認識就更沒有任何意義。所以，儘管沒有明說「實體」指什麼，但我們能領悟康德所說的這個實體是指向自然界的永恆物質自身。

康德的實體永恆性原理肯定了物質世界的存在永恆性。作為經驗的持續和變化的基礎，自然界的永恆存在被康德形式地設定在時間中。在《自然形上學基礎》中，康德將物質定義為：充滿空間，有運動能力，能成為經驗的對象。這樣的定義已接近科學的實體概念。

康德認為，自然科學（物理學）的一些基本原理，比如物質不滅，無不能生有，有不能生無等，只有在這一條原理的基礎上才有可能。而整個自然科學則是建立在這些基本原理之上的。在一般經驗中也是如此，倘若沒有時間中持續存在的實體（物質），也就無法客觀地瞭解變化，事物便不能作為一個相對穩定的對象被認知，繼而成為一種恍惚不定的如夢幻似的主觀感知的系列了。

但是，康德說：「以上原理常設為經驗的基礎，其自身卻是絕對沒有證明的。」這就是說，這個作為經驗基礎的實體永恆性原理是「絕對沒有證明的」，它僅僅是一種先驗的知性規定。康德說：「除了物質外，我們再沒有其他永恆者，能夠作為直觀將實體概念建築於其上。但就是這個永恆者也不是得自外在經驗，而是作為時間規定的必要條件而先驗地設定的。」

將物質世界的永恆存在歸結為人們主觀思維（知性）的一種獨立於經驗的規定，似乎倒成了一種邏輯前提，就是這條所謂實體原理的本質。一方面

它包含有唯物主義的成分；另一方面又從屬於唯心主義的先驗形式之下。從而，這種實體存在作為先驗的形式設定，便失去了物質世界本來具有的豐富具體的現實內容，轉而成為空洞的抽象。這正是康德先驗唯心主義的必然結果。

第二類推是「因果」原理：「一切改變是按照原因與結果聯繫的規律發生的。」「因果」是康德所有範疇中最重要和最困難的一個。倘若說，實體原理是講存在，那麼因果原理便是講過程；倘若說，實體原理主要是針對主張精神實體的唯理論，那麼因果原理便是主要針對否定因果存在的經驗論。康德所指的這兩種針對又是緊密相連的。因果原理以前一類推以實體原理為基礎，又是實體原理的更進一層。因為，因果的產生和事物的變化必須先以不變的存在為根本，而實體本身便是最根本最原始的「因」。但是，以實體為基礎的任何變化，又總是有原因的。沒有原因的事物不屬於認識範圍，也不是科學對象，列寧在《哲學筆記》中摘引黑格爾的話「實體只是作為原因才具有……現實性」之後，指出，「一方面，應該從對物質的認識深入到對實體的認識（概念），以便探求現象的原因。另一方面，真正地認識原因，就是使認識從現象的外在性深入到實體」。由實體到因果到交互，康德所說的「關係」三範疇即有這種推移轉化的辯證過程，也是認識日漸深入的過程。

在康德之前，休謨就因果問題提出了懷疑論哲學。休謨認為，因果不是一種純邏輯的關係，也不能像唯理論者那樣視為理性的東西。它僅僅是人們經驗中的主觀習慣。倘若人們經常看到 A 在 B 之前，B 與 A 經常保持這種經驗的聯繫，人們就會習慣地認為 A 是 B 的原因，即「先 A 後 B」的習慣使人們心理上相信「有 A 則有 B」。休謨認為，客觀事物中沒有任何根據能說明因 A 必 B，客觀世界中並不存在這種因果的規律。

康德反對唯理論將邏輯的「理由」等同於現實的「原因」，認為因果絕不是僅由理性就能保證或證實的純邏輯關係。在他看來，邏輯理由只是概念的分析統一，現實的因果乃是經驗的綜合統一。同時，他也不滿意否認因果的經驗論。他指出連續的觀念並不同於觀念的連續，後者僅僅是一種心理經驗的聯想，前者則涉及對客體對象下邏輯的判斷。從而，他要求區分兩種次

序，一種是主觀的次序，一種是客觀的次序。以什麼樣的標準來劃分這兩種次序呢？康德認為這要看先後次序是否可以倒轉。

主觀的次序是隨人們意志可以倒轉的感知次序，比如觀看一座建築物，可以從上往下看，也可以倒轉過來從下往上看，這一系列的感知是可以逆轉的次序。又如主觀想像，同樣可以任意變動。客觀的次序則是不以人們意志為轉移的，是不可倒轉的感知次序。如，對一艘順流而下的船的知覺，只能由上而下，而不能隨意感知為由下而上。人們的這種知覺次序為外物所強迫，不得不這樣感知。也就是說，所謂客觀的次序乃是它必然這樣的意思，這也就是因果。

時間中這種客觀的次序，以對象間的因果聯繫為前提條件。所以對這種時間相繼次序的意識，也就是對客觀事物的因果關係的意識。自然界正是由於因果的關係，構成客觀的時間相繼次序。儘管船的先後不同位置的客觀時間次序並非就是因果，但它必須設定有因果在其中支配才成為可能。康德說：「比如我看見一艘船順流而下。我對於這艘船在下游較低位置的知覺是接著對於它在上游位置的知覺的。對這個現象的把握，不可能是先知覺到這艘船在下游的位置，然後才知覺它的上游位置。知覺在其中彼此相繼的這個次序在這裡是被決定了的，我們的領悟為這個次序所約束」。

康德說：「在一個事件的知覺中，總有一個規則，使得（在領悟這個現象當中的）知覺依次相繼的次序成為一種必然的次序。因此，我們必須從現象的客觀的繼續得出領悟的主觀的繼續。」他又說：「依照這種規則，在那個先於一個事件的東西裡，就必須要有一個規則的條件，這個事件按照這條件不變地必然地跟著，我們不能顛倒這個次序。假定在一個『事件』之前，並沒有這個事件所必須依據規律繼起的先在事物，那麼，知覺的所有的連續就只是在領悟之中的，即僅為主觀的了，也就永遠不能客觀地規定知覺的真正先後，而只是無關係對象的表象遊戲。……那只是主觀的東西，規定不了對象，不能視為是任何對象的認識。」「只有我們的表象在它們的時間關係方面必然地屬於某種次序時，它才有客觀的意義」等。

值得注意的是，康德在這裡說的是一種時間的邏輯次序而非時間的現實流逝，因此，因果同時的事件也還可適用，比如房間裡的火爐（因）與房間的熱度（果）。康德認為，因果中的因與其立即的果之間的時間可以是不斷消失的量，所以兩者是同時的，但是，這兩種關係仍經常是決定於時間中的。因與果是不可逆轉的，這如同時間一樣。特別要注意的是，知覺的不可逆轉並非就是因果，並非凡在前者即是在後者的原因，先後不過是客觀因果的一種標誌而已。

康德關於因果的論證的要點在於，康德強調必須要有一個必然的規則或秩序，使人們的知覺次序不是主觀任意的感知，不是表象的現象遊戲。人們的主觀感知必須服從於、來源於事物的客觀次序，也就是必然因果關係。在此，主觀感知中的時間次序是以對象間的客觀因果關係為前提的。倘若不是如此，那麼時間次序本身就無法存在或是沒有任何意義。

但這僅僅是一方面，另一方面，康德又認為，我們之所以能認識客觀對象，使經驗的科學知識成為可能，也就是發現其中的因果聯繫，這是由於我們的知性將時間次序輸入感知中的結果，也就是先驗知性的因果範疇，經由時間次序的架構，作用於感知材料的結果。康德說：「知性的突出貢獻不在於使對象的表象清楚，而在於使對象表象成為可能。這是由於它輸入時間次序於現象……。」也就是說，儘管我們還不知道事物的具體因果，也還沒有到經驗中去將這些具體因果找出來，但因果這個先驗的概念卻已經存在了。

前面說客觀對象的因果決定了人們主觀的感知次序；而後面說，人們的先驗範疇透過時間次序，產生客觀對象的具體因果，因果又是知性規範感知，給予對象的。前面說，先驗的因果範疇自身並無意義，也不能獨立存在，它只能存在於經驗之中；後面說，它又邏輯地獨立於任何一個具體的經驗因果，且是所有經驗因果的前提條件。

康德既反對萊布尼茲認為因果屬於理性本身，可以超經驗地使用，有超經驗的普遍有效性；也反對休謨認為因果只是知覺表象的主觀習慣，毫無確定有效的客觀性質。從而康德一方面認為因果的使用和有效性必須在經驗之中，不能超脫經驗而獨立，另一方面又認為因果必須具有普遍的有效性質，

因此不能來自經驗，不能從經驗中歸納概括出來。這就是既強調它的客觀性又強調它的先驗性。

康德試圖調和不可調和的矛盾，結果陷入進退兩難、自相矛盾的地步。在這個矛盾中，主導的一方依然是先驗的方面，正如在第一個類推中，「實體」是先驗的範疇，原子、電子則為經驗科學所提供一樣；在此，「因果」的普遍範疇屬於先驗，各種科學和事物的許多具體因果規律則由經驗提供。也就是說，對任何一個具體經驗的因果尋求中，總先要以「有一個原因」這樣一種普遍必然的先驗因果的抽象範疇作為前提。用通俗一點的話來說，人做任何事情，考慮任何問題，探究任何科學，總是先抱著「事情總有原因」這樣一個「想法」，才可能去具體探求。倘若根本沒有這樣一個「想法」，就無法也不會去做什麼探求了。人與動物的區別也就在這裡。

這種想法，用康德的話來說，就是先驗的因果範疇，就是人的理性，必須有它作為指引、規範和整理具體思維和感性材料的一般形式。它並非是從經驗中歸納出來的。我們看見一隻白烏鴉，便會推翻「天下烏鴉一般黑」的經驗歸納。但是，倘若我們在經驗中遇到一件似乎沒有原因的事物，倘若具有科學態度，便不會認為它沒有原因，相反地，總是會去探求它的原因，也就是說，不會推翻或懷疑「凡事總有原因」這個想法是否正確。可見，「凡事總有原因」不是從經驗中歸納出來的，相反地，它倒是普遍必然地適用於一切經驗事物、對象，所以它只能來自理性，是先驗知性範疇。

康德所謂理性是自然的制定法則者，它向自然提出問題要求回答，好像法官詢問犯人一樣等等說法，都有這個意思。

「交互」

交互性範疇的原理是：「一切實體，在其能被知覺為在空間中共同存在者，都在一貫的交互作用中。」交互作用包含互相聯繫、互為因果等內容，它的時間架構是「同時共存」。

在上一節裡，我們講了「實體」與「因果」範疇。本節為大家講解「交互」範疇。交互範疇的原理是：「一切實體，在其能被知覺為在空間中共同存在者，

都在一貫的交互作用中。」交互作用包含互相聯繫、互為因果等內容，它的時間架構是「同時共存」。但感知無法掌握「同時」自身，它表現為感知 A、B 可以交互倒換位置，就像 A、B 在因果中由於時間次序的前後而不可倒換一樣。感知之所以存在這種倒換的可能，源於對象之間有一種必然性的客觀關係，這種關係只能用交互這個範疇和同時共存這個範疇架構才能掌握它。

與實體、因果這兩個範疇相比，交互範疇相對而言比較次要，但也不能因此而忽略它。需要注意的是，與以前各範疇只講時間有所不同的是，在交互範疇，康德強調了空間。空間是外直觀形式，與時間作為內直觀形式恰恰相反，它更多與客觀經驗對象相聯繫，從而就有更多的客觀對象方面的規定。

康德認為，「交互範疇」僅透過理性去掌握是不行的，它的客觀實在性只能透過直觀，即透過空間的外直觀來規定。只有在空間中才可能掌握瀰漫四處的諸物質和實體的相互關係和交互影響，也正是透過這種交互作用，不同位置（空間）才顯現出它們的共存，大自然也才可能被經驗到是存在相互聯繫的。

如同實體原理、因果原理表現當時自然科學的狀況一樣，交互原理的出現也是為了在哲學上表述當時的科學（尤其是天文學）所呈現出來的圖景：對象間相互聯繫、互為因果，構成一個機械力學的全景。他認為自然科學之所以可能，是由於知性有這些先驗原理應用於經驗。有實體原理（持續的存在），才可能認識事物的生滅；有因果原理（必然的連續），才可能認識事物的變異；有交互原理（同時的共存），才可能認識事物是有聯繫的。

依照康德範疇表三三制原則，作為「關係」的第三項，交互範疇具有最後原因的意義，即交互範疇是諸實體互為原因與結果。

在「關係」三範疇之後，便是所謂作為「程態」的「經驗思維的準則」。它與前三類範疇有所不同，它講的不是範疇自身的性質，而是範疇與人們主觀認識的關係。「經驗思維的準則」不像數量、性質、實體、因果、交互這些範疇指向客體對象，而是指向認識狀態自身，即認識的可能性、現實性與必然性問題。這裡的認識談的是科學或日常的思維、認識，因此叫做經驗思維的準則，即在「經驗思維」中必須具有或遵循的「準則」。這前提是必須

要有感性做為材料，以限定在具體經驗認識的範圍內，從而這些範疇的感性的客觀性方面就會更突出一些。

「經驗思維三準則」

「經驗思維三準則」的原理是：「一、在直觀及在概念中，一切與經驗的形式條件相符合者，是可能的。二、一切與經驗的實體條件即感覺相關聯者，是現實的。三、在與現實的聯結中，一切依據經驗的普遍條件而規定者，是必然的。」它們的時間架構是：有時存在（可能性），某一定時間內存在（現實性），無論何時都存在（必然性）。

康德說：「……沒有經驗的證實，概念只是思維的任意聯結，雖然確無矛盾，但不能要求有客觀實在性。從而，只承認作為思維的對象並沒有可能性。」認為「可能性」，只能由感覺、經驗來證實。

他指出，科學認識中的可能性是一種現實的可能性，即在經驗中有可能出現的性質，因此必須在時間中，而不只是一種純粹思維領域中的可能性，即不只是邏輯的可能。這也就是說，在科學和日常思維中，應該依據感知經驗，而不能只是依據思維推理來預測、規定或探求事物的可能性。像萊布尼茲那種既不占時、空（無「數量」的範疇架構），又不能感知（無「性質」的範疇架構），作為實體又不與別的實體發生因果或交互作用（無「關係」範疇架構）的精神性的單子，就只有邏輯的可能，而非物理的或經驗的可能，換句話說就是沒有現實存在的可能。由此可見，形式邏輯的矛盾律就不能是經驗認識可能性的準則。違反形式邏輯矛盾律的，在邏輯上不可能，卻在現實中存在，如事物的對立統一性質。邏輯上沒有矛盾的，倘若不符合經驗形式的條件（即數量、性質、關係等範疇架構），在現實中便是不可能的。比如兩條直線構成一個圖形，在邏輯上是可能的，但現實中卻沒有提供這樣的感性直觀，因此是不可能的。

關於現實性，更是這樣。康德說：「並不要求對對象的直接直覺……所要求的是，依據經驗的類推，對與某些現實的感知有聯結對象的認知。」他舉例說，例如在磁石吸鐵的經驗知覺中，雖無法直接感知磁場，但我們可以

根據類推得知有磁場的現實存在。也就是說，事物現實存在的性質，雖然不一定由當下知覺直接感知它，卻必須要能依據經驗的類推而與一定的現實的知覺、感知相聯結。現實性雖大於直接感知的範圍，但最終仍然要建築在經驗感知的基礎之上，必須要有感知來最後證實才行。同時，這也說明，範疇運用於現實感知，便可以推知其他事物的現實存在，現實的事物並不僅僅侷限於當下感知的狹隘範圍之內。這個原理一方面是針對唯理論單憑推理便肯定對象的現實性；另一方面又是針對經驗論單憑無法感知便否定對象的存在；既強調必須有感知作為推理的依據，同時又強調不能以直接感知作為一切現實存在的標準。這可以說是透過哲學表達了當時自然科學所採取的經驗與數學相結合的新途徑。

同樣地，必然性範疇說的是，「……存在的必然性絕不能由概念，而只能依據經驗的普遍規律與已知覺的東西相聯結才能認識。」意思是說，必然性不能像唯理論者視為只是思維、理性的產物，只是一種邏輯的必然，它必須透過一定的現實感知的東西，依據因果等推論，才能確定其必然存在。」

「是人都會死」，就是這種必然。康德認為，這並不在邏輯上否定與之對立的「人可以成仙（不死）」。「人可以成仙」這一命題在邏輯上是成立的，但在經驗中卻無法為感知所證實或是提供。因此，「是人都會死」並不是邏輯的必然，而是經驗現實的必然，這才是科學認識的對象，如「人可以成仙」這類命題不能由經驗提供材料以證實其必然性的命題，應根本放逐在認識領域與科學研究之外。由此可知，康德對必然性強調的是認識必須與經驗感知相聯繫。

至於這三者之間的差異與關係，康德說：「可能性是被思維而未被給予的，現實性是被給予而未被思維的，必然性是透過被思維而被給予的。」意思是說，可能性是符合經驗認識的形式條件，即上述三大範疇原理，但當下尚未為感覺提供的。現實性是感覺提了但尚未被論證，即尚未自覺納入經驗認識的形式條件中。必然性則是二者的統一，對象是感覺提供了材料，又由實體、因果等範疇架構所規定了的。倘若說，可能性提供的是經驗的形式條

件，那麼現實性提供的則是實體條件，可能性是時、空直觀和知性範疇，而現實性則是感覺，必然性恰恰是這兩者的統一。

康德認為，知性範疇不能脫離感性做超經驗使用這個主題。他說，「純粹知性的一切原理，只是經可能性的先天原理。而一切先天綜合命題，也只有與經驗相關，這種命題的可能性完全建立在這種關係之上；一切概念與伴隨它們的一切原理，即便是先天可能的，都與經驗的直觀相關，即與可能經驗的材料相關。概念一離開這種關係，就沒有客觀有效性，而只是想像力和知性的純然遊戲而已；離開一切感性，這種範疇就毫無使用的地方。」

總之，倘若沒有感性，那麼，上述所有知性範疇就都沒有客觀的實在性和普遍的有效性，而僅僅是一種邏輯的可能性，這對於認識沒有絲毫意義。康德認為，認識論要探求概念與客觀對象相一致的問題，不應純粹從邏輯來論證事物以取得知識。

此外，康德要求與感性相結合的知性，是在根源上與感性完全割裂的先驗的東西。儘管康德強調知性與感性在經驗中相互依存，在認識中，概念與直觀兩者缺一不可；但是同時，他又在根源和本質上將知性與感性完全切開和對立起來。從而，致使結合僅僅是二元的湊合或混合。感性與知性在根源上處於分裂中，知性不是來源於感性，感性也不能上升為知性。一個是在天上（知性），一個是在地下（感性）。結果卻依然用天上來主宰地下，用知性來主宰感性，用先驗來主宰經驗。

之所以如此，從認識論的原因來說，是由於康德誤解了人們的知性概念範疇的根源，也不瞭解人們的理性認識階段是如何出現的。他看到這個理性階段、這些知性範疇並不能從零碎的感知經驗中直接提升出來，於是乾脆將它們與經驗分割開，用唯心主義先驗論的形式，將這個具有普遍必然性的理性認識問題突顯出來了。

後來，黑格爾說：「範疇並不包含在給予的感覺裡，這是完全正確的。例如我們看一塊糖，會發現它是硬的、白的、甜的等等。所有這些性質，我們說都統一在一個對象裡，但這個統一卻不是在感覺中發現的。我們認為兩件事之間有因果關係，也是這樣。感覺只告訴我們兩件事依時間次序相連續，

但其中一為因，一為果，即兩件事的因果聯繫，卻不是感覺所感知的，而只是思想所發現的。」

實體、因果等範疇的確不是感覺所能提供，而是思維的特定功能。那麼，思維怎麼會有這種功能和範疇呢？這些思維範疇是如何展現的呢？黑格爾也沒有真正回答。相反地，黑格爾把思維視為世界的本體推演出一切，所以也就不需要回答。

「自我意識」

所謂「自我意識」，即是「統覺的原始綜合統一」，是康德認識論中一個很重要，很關鍵，也一向被認為是《純粹理性批判》一書中最難懂的部分，被稱為康德認識論中的一個「謎」。

「自我意識」

「自我意識」主要包含在「先驗分析論」的所謂「範疇的先驗演繹」中。這個部分之所以如此難解而又重要，是因為康德用唯心主義方式集中提出了認識的能動性問題，而這個問題又是作為解決認識的客觀性而被提出來且加以論證的。

所謂「自我意識」即是，「統覺的原始綜合統一」，是康德認識論中一個很重要，很關鍵，也一向被認為是《純粹理性批判》一書中最難懂的部分，被稱為康德認識論中的一個「謎」。「自我意識」主要包含在「先驗分析論」的所謂「範疇的先驗演繹」中。這個部分之所以如此難解而又重要，是因為康德用唯心主義方式集中提出了認識的能動性問題，而這個問題又是作為解決認識的客觀性而被提出來且加以論證的。

所謂範疇的「先驗演繹」，如同空間時間的「先驗闡明」一樣，目的是要論證範疇在經驗中為什麼會使用具有普遍必然的客觀有效性。這個論證透過「自我意識」來進行。「自我意識」是「知性純概念」（即範疇）的基礎和根源，知性範疇的運用是它的具體實現。這個所謂「自我意識」的「先驗統一」，被康德視為是認識的「最高點」。康德說：「統覺的綜合統一是最

高點，我們必須將知性的所有運用，甚至整個邏輯以及先驗哲學都歸屬於它。統覺的功能實即知性自身；統覺綜合統一的原理是知性所有運用的最高原理，統覺的原理是整個人類認識範圍內的最高原理等。」康德認為，時、空因為與感性直接關聯，因此具有客觀性，而範疇並不與感性直接關聯，因此，它的客觀有效性依賴於「自我意識」。

康德的「先驗演繹」分「主觀演繹」和「客觀演繹」兩個方面。這兩方面經常交織在一起，因此很難截然區分。

所謂「主觀演繹」，簡單來說，就是從主觀心理方面探究知識所以可能的條件，從人們知識發生的進程來說明「自我意識」。眾多涉及想像的部分都屬於主觀演繹。它以意識首先表現為「時間意識」這個事實為出發點，以此來描述所謂主體能動性的三種綜合：即「直觀中把握的綜合」、「想像中再造的綜合」和「認知中概念的綜合」，其中心理學成分相當突出。

所謂「客觀演繹」，主要是直接探詢：先驗範疇既發源於純粹理性，為什麼又對經驗具有客觀有效性？客觀演繹重點提出了對象意識問題，進而從哲學角度論證了自我意識的「本性」。康德指出，「客觀演繹」更有力量。此外他還指出，他要探討的不是經驗如何發生以及從何而來之類的問題，而是要探討經驗為何可能的哲學問題。

隨著他回答批評和注意與巴克萊劃清界限，他更注重在他的學術裡突出「客觀演繹」。康德認為，從哲學史的角度來看，「客觀演繹」比「主觀演繹」遠為重要和深刻。關於「先驗演繹」和「客觀演繹」的具體內容，在接下來的內容裡為大家做詳細的闡釋。

「主觀演繹」

康德主張「主觀演繹」從內部感覺——時間意識的經驗事實出發，從心理學角度，試圖論證經驗的自我意識，從而更進一步論證先驗的自我意識。

關於主觀演繹，我們在上述內容中提到過，在本節我們將對它進行深入闡述。

康德從時間意識開始論證這種統一。康德說：「所有我們的知識最終從屬於內部感覺的形式條件，即時間。在時間中，它們被聯結、整理和帶入一定的關係中。」

　　首先，感性雜多之所以能夠表現為雜多，其前提是有「繼續」的時間意識在內。否則，一剎那中的任何表象，一旦孤立起來，只可能是一個絕對的單一體，絕對無法構成認識。由此可見，一個簡單的知覺表象就已經包含了雜多感覺的匯集與統一，包含有時間意識於其中，在時、空直觀中，已經將雜亂無章的感性雜多構成為一個知覺。

　　換句話說，從人們感知一開始，就有一種統一性於其中，將雜多的感性表象聯結起來，否則，這些雜多就只能永遠是些零碎的、孤立的、亂七八糟的感覺。這種聯結綜合雜多的統一性，並非是被動接受的感性本身所能具有，而必須要有心靈的主動綜合作用才行。這就是所謂「直觀中把握的綜合」。

　　其次，表象一定要保存在記憶裡，由想像使之再現出來，如此才能使前後的感覺印象聯成一定系列，使一個知覺到另一個知覺能銜接統一起來。否則，假如後者起而前者忘，就不存在任何完整的表象可言了。這個想像過程很顯然與時間意識有關，它是在時間（內部感覺）中進行的。這就是所謂「想像中再造的綜合」。實際上，「直觀中把握的綜合」也與想像分不開。

　　以上解釋了「直觀中把握的綜合」和「想像中再造的綜合」，現在要闡述的也是最重要的，就是「概念中認知的綜合」。因為，倘若沒有對我們現在所想的與前一刻所想的是相同的這一意識，那所有表象系列的再現也是無用的，這就需要有一種概念的統一性的引導，來將想像所喚起的表象與當下知覺表象的系列相聯結綜合，將前後感知的和想像的印象雜多，看成是同一個正在進行認識的對象，這樣才可能形成對一個對象的認識。倘若沒有這個概念統一性的引導，眾多知覺和想像就不可能構成一個對象而為我們所認識。這也就是說，必須將上述雜多的表象和想像賦予一定的概念，將前者綜合統一於後者之下。

　　康德說：「概念這個詞本身就揭示這種意義，因為正是這個統一的意識，將相繼直觀到的和再現出來的雜多，聯結在一個觀念中。」只有透過概念才

可能有對象在意識中的統一性，一個被意識到的對象才可能出現或存在。實際上，感念從感知一開始，便在發揮綜合統一作用。在想像中也是如此，透過概念，想像得到比較和進一步的綜合。康德尤為重視概念在認識中的巨大作用，認為它是人與動物的根本不同之處，這我們在第一輯裡也為大家說明過。

綜上所述，康德認為，我們之所以能由知覺、想像、概念而認識一個對象，雜亂無章的感覺印象之所以能夠透過知覺、想像、概念的綜合而形成一個統一的對象，完全靠主體意識中一種所謂主動的統一性將它們聯結綜合在一起。對象的統一來源於構造它們的主體意識的綜合統一性。這個意識的統一性就是「我在思維」，即「我思」。也就是說，在整個綜合活動和過程中，「我思」保持了它的連續性、統一性。必須有這個「我思」為基礎，才有可能有上述各種綜合活動的一貫和不變。也就是說，必須要有一個常住不變的「我思」來作為所有知覺、想像、概念進行綜合的根基。這就是所謂的「統覺」、所謂的「本源的綜合統一性」，也就是「自我意識」。

康德一再強調，沒有「自我意識」，那麼一切概念的綜合、想像的綜合、知覺的綜合都不可能。所有直觀雜多不過是些莫名其妙的感知，一堆零雜的色彩、軟硬、輕重等等，無法聯結綜合而成為認識對象。從而，任何經驗對象便不可能存在，任何知識也就不可能獲得。

康德說：「『我思』必須伴隨我的一切觀念……一切直觀的雜多，在它們被把握的同一主體裡，與『我思』有必然的關係。但這種『我思』觀念是種主動性的活動，而不能看作屬於感性的。我將它稱為純粹的統覺……。」

從直觀感知開始的一瞬間，就必須使這些感性材料聯結、綜合、統一起來。毫無疑問，這些感性材料不會自動這樣做，由此可見，一個能動的主體始終保持在這個綜合統一的過程中，使感知（聲、色、香、味等等）能夠上升到概念，形成一個經驗對象（糖、花、桌子等等）。這樣一種功能的主體和主體的功能便是「自我意識」，也就是「我思」。這個「我思」也就是認識過程的統一性，這是動物所沒有的。康德說：「動物有理解，但有理解卻無意識，動物沒有統覺，所以不能將它們的表象變為普通的。」康德認為，

這種「自我意識」是人的認識的根本特點，而所謂想像力、知性都不過是主體這種自我意識在不同情況下的表現。在知覺、想像中，這個自我意識仍然是盲目的，在概念中則是自覺（即意識到）的。

「主觀演繹」就是這樣試圖從內部感覺——時間意識的經驗事實出發，從心理學角度論證經驗的自我意識，從而更進一步論證先驗的自我意識。這裡值得注意的是，它強調了在人的認識的心理過程中，主體具有重要的能動作用。即便是最簡單的知覺，也包含認識的主動性在內，它常常只是一種構成物，因而絕不是純被動的反映。

現代心理學的許多資料也說明了這個方面的各種特點，如人的感知有巨大的選擇性，又如感知經常在概念支配下進行，等等。其中，尤其值得特別提出的是「自覺注意」問題。康德所說的「感知中雜多的聯合」與「直觀中把握的綜合」都在某種意義上與此問題有關。所謂「自覺注意」並不是由外界對象對主體本能需要的吸引而引起，這樣產生的「注意」是「自發注意」。自發注意的對象與動物性的本能欲望、利益、要求無關。它不是如食物等的外界對象，而是人在主體實踐活動中一如勞動操作自身，也就是在最早的勞動操作實踐活動的漫長過程中，對這種活動、操作自身的自覺意識和強迫注意，視覺在這裡與運動感覺、觸覺獲得聯結、綜合和統一。也只有如此，才可能使自己的勞動操作逐漸嚴格符合客觀規律（物理的、幾何的等等）而達到為族類生存服務的目的（比如獵取食物）。因此，這種人所獨有的最早的能動心理特徵正是產生在使用工具、製造工具的勞動創造過程中，在此過程中所獲得的最早的心理成果，是人有別於動物的最早的「理知狀態」。

正是在這一基礎上，勞動操作中的客觀因果聯繫（例如利用工具獲取事物）才有可能在漫長的歷史過程中，逐漸反映和最終內化為主觀的因果觀念。猿類在自然條件或實驗室的條件下會產生使用甚至製造「工具」的活動，但由於這種活動只是發生在某些個體身上，而並非具有歷史必然性的大量族類活動，無法在心理上留下和產生像「自覺注意」這樣一些能動的心理活動和能力，無法最終形成因果的觀念聯繫，也就是無法領悟使用工具在主體獲取

事物這個因果鏈中的地位、意義和作用，進而也就不去要求保存或複製工具，用完了就丟。

所以就人類意識來說，對主體自身使用工具、製造工具活動的「自覺注意」，即持續地聯結、綜合、統一感知以保持對對象統一性的意識，使之成為對一個客觀對象的自覺感知，這才是關鍵所在。這並非什麼「先驗統覺」，對人類來說，它恰恰是人類勞動的產物並透過原始巫術禮儀等模仿活動而提煉保存下來，對兒童來說，則是在社會環境和教導下所形成的能力。認識（包括感知）的能動性歷史，來源於實踐（人類勞動）的能動性。

在「自覺注意」之後，想像是人類心理能動性的又一個重要特徵。它既是與個別事物有關聯的感性意識，同時又是具有主動支配性質的綜合統一的感性意識。想像的內容尤其複雜，在此不做多說。至於再進一步，到概念、語詞的認識能動性，則是人所熟知的，因此也不必多談。至此便完成了以能動性為特徵的人類獨有的心理發展道路。

總之，康德的「主觀演繹」從心理學角度提出人類認識的能動性，仍然是今天尚未研究清楚的重要問題，有待我們繼續去深入探討。

「客觀演繹」

心理學無法代替認識論，單純從「主觀演繹」來論證「先驗統覺」（「我思」），說明綜合統一全部認識過程的心理功能，並不能闡釋清楚認識的客觀真理性的哲學問題。所以，康德又提出了「客觀演繹」。

「主觀演繹」基本上是從如何形成一個認識對象的過程來論證必須有純粹統覺的能動「我思」作為全過程的基石。而「客觀演繹」則拋開此過程來論證知性如何與對象相一致，範疇如何具有客觀性，也就是提出人的認識形式與經驗內容、意識統一與感性雜多、自我意識與對象意識的關係問題。

關閉在心理領域之內的「主觀演繹」，從哲學上簡單說來，可說只是「我是我」這樣一種「分析的統一」，它說的是「我所有的表象都是我的表象」。更重要的是「綜合的統一」，即不同於「我」的直觀雜多如何被聯結統一在人的意識中，且獲得真理的性質。作為判斷，人的認識建立在知性範疇之上。

在此，我們將闡明這些範疇如何可能適用於經驗，亦即先驗知性如何可能具有經驗的效力。單憑心理學的論證並不能解決這個問題，必須說明與主體自我意識的統一性相對有一個對象的統一性，雜多表象必須被瞭解為屬於一個對象的統一才行。只有在這種綜合的統一，亦即客觀的統一中，才可能具有自我意識自身的分析的統一或主觀的統一。

「分析的統一」、「綜合的統一」是康德認識論中的複雜概念。

所謂「分析的統一」，就是任何概念，就其將不同表象中的共同東西抽象出來以形成，是分析的統一，即從具體到抽象。

所謂「綜合的統一」，就是其將不同表象雜多聯結統一在思維中，是綜合的統一，即從抽象到具體。如「這是一間房屋」這個判斷將雜多表象聯結統一在「房屋」這一概念之下，「房屋」這個概念（抽象）才具有具體內容，即在認識裡抓住及理解到它們的雜多（具體表象），這就是綜合，諸直觀雜多都由概念而構成一個認識對象。康德尤為重視和反覆強調的就是這個綜合。康德認為，只有先有綜合的統一，將不同表象聯結統一在一起，才可能有分析的統一，綜合是分析的基礎和條件，認識起源於綜合。至此，康德終於由這種心理的說明進入到哲學的說明，正式轉入到了所謂「對象意識」的探討。

所謂「對象意識」，是指意識中所建立起來的對象，也就是對象出現在意識中。康德認為，這並非是主體的聯想等心理過程所能任意產生出來，而是存在一種客觀的秩序和統一性，正是這種客觀的秩序和統一性使人的意識超出動物的聯想之類的自然心理過程，獲得普遍必然的認識。康德說：「綜合自身不是被給予的，相反地，它必須由我們做出。掌握給予的雜多、在意識的統一中接受它，與構造表象是同一回事。倘若在把握中我的表象的綜合和作為概念的分析，產生統一的表象，那麼，這種一致便適應於對所有人均有效的某物，此物不同於主體，這就是說，一個對象，因為它既不只在表象中，也不只在認識中，卻對所有人均有效（可傳達的）。」康德的意思是說，認識的統一不應從主體來，而應從客體對象方面著眼。這是康德認識論中一個很重要的觀念。

　　由知覺、想像進到概念，產生認識，與作為客體的「對象意識」的出現，即認識到客體，是同一過程的兩個方面。對一個對象的認識是自我將知覺、想像的綜合置於一定概念之下，與對象相一致。這就是康德的所謂「客觀演繹」的基本內容：即之所以設立這樣一個作為「統覺」的「自我意識」，是為了論證知性認識與對象相一致的客觀性。

　　康德說：「統覺的先驗統一是那種統一，透過它，所有在直觀中被給予的雜多，聯結在一個對象的概念中。所以它叫客觀的統一，必須將它與意識的主觀的統一相區別。後者是一種經驗的統一，只是表象之間一般的可聯結性。如，一張桌子，作為人的感知，不過是一堆硬的、有重量的等等感覺表象的聯結和集合。」

　　康德認為，認識一個對象並非就是這種簡單的種種感覺、表象的聯結集合而已，這僅僅是巴克萊的觀點，康德將這僅僅看作是「觀念的遊戲」和「白日夢幻」。他要論證的是，人們的知覺、想像和認識具有客觀的基礎，必須將它和這種個體主觀感知的偶然性的湊合區分開來。康德在《導論》一書中強調區分所謂「知覺判斷」與「經驗判斷」。他認為「知覺判斷」是只對個體有效的主觀判斷，就是剛才所說這種感知的偶然聯結；而「經驗判斷」才是客觀的即普遍必然地對所有人都有效的判斷。康德說：「思維聯結諸表象於一個意識中，這個聯結或者僅僅關於主體，從而是偶然的和主觀的；或者是無條件的，從而是必然的和客觀的。」

　　聯結諸表象於一個意識中就是判斷。判斷或者是主觀的，即諸表象只在一個主體內與意識有關並聯結在其中；判斷或者是客觀的，諸表象是一般地即必然地聯結於意識中。經驗判斷表現的不僅是主體的有關感知，同時亦是對象的一種性質。因為沒有理由要求別人的判斷與自己的判斷相同，除非別人的判斷與你的判斷所涉及的對象是統一的，它們都與這個對象符合一致，因而它們才彼此一定一致。

　　因此，客觀有效性與普遍必然性，是相等的詞彙。當我們認為一個判斷是普遍的和必然的，也就是瞭解它具有客觀的有效性。而「知覺判斷」則不同，它只有主觀的有效性，即它只是知覺聯結在我的精神狀態中，與對象沒

有任何關聯。客觀有效性並不來自對對象的當下直接的感知中，而是來自構成這種普遍有效的諸條件中，這也就是以「先驗統覺」為基礎的知性功能，它表現為上述「經驗判斷」，即是客觀的認識、判斷。康德說：「透過知性概念，由我們感知所給予的對象諸表象的聯結，被規定為普遍有效的。對象透過這個關係被規定，這就是客觀的判斷。」

依照康德的觀點來看，倘若一個判斷是真的，等於說它能夠按照某些條件構造起這個對象，因此，客觀真理不在消極的感知反映中，而在思維的能動構造中。感性本身不能保證認識的客觀性，這種客觀性必須由理性作用於感性材料才能獲得。也就是說，真理的客觀性來自以知性綜合為特徵的人類的認識能動性。正因為人將像數量、性質、因果、實體等先驗範疇用來綜合統一感性雜多，才使認識具有了普遍有效的客觀性。這些知性範疇之所以能聯結、綜合、統一感知，是以所謂「統覺」即「自我意識」為其根本基礎的。

康德舉例說，比如「太陽曬在石頭上，石頭變熱了」，這是「知覺判斷」，沒有必然性，它依然處在內部感覺的「經驗統覺」的水準上，即不過是我們主觀感知間的聯結。但倘若我們說，「太陽曬熱了石頭」，這就大不相同了。這個判斷以「先驗統覺」為基礎，用上了知性純粹概念——因果範疇，這個範疇將「日曬」與作為它的必然結果的「石熱」聯結了起來，便具有了普遍的客觀有效性。

又如，「物體是重的」，康德認為，它不是說兩個觀念聯結在我們的知覺中，而是不管我們主體的情況如何，它們是在對象中的聯結。像「是」這種連接詞和這種判斷就不能等同於「我感覺是」，它有客觀的性質和意義。所以才叫「經驗判斷」，它不同於「知覺判斷」。

康德認為，對象有一種不以人們意志為轉移的秩序和性質，現象、對象之間有一種客觀的「親和性」，它迫使我們只能按一定法則、秩序或方式去想像和思維它，而不能任意去想像和思維它。康德說，如果硃砂時紅時黑，時輕時重，毫無客觀的秩序和穩定性，那我們的想像就無法把紅與重聯結起來構成綜合的表象，也就無法對它有任何認識。現象、對象的「親和性」產生與主觀統一相區別的客觀的統一，決定了主觀意識。雜多之所以能被聯結

綜合為一個對象，直觀之所以能與意識相聯繫，構成認識，都必須有這種客觀的統一。顯然地，這種所謂客觀的統一，指的便是對象在意識中所呈現出來的客觀規律性的結構特徵。康德企圖將這個客觀的統一歸結在這個所謂「對象意識」上。

「自我意識」與「對象意識」的相互依存

「對象意識」與「自我意識」相互依存。一方面，先驗的自我意識僅僅是一種純形式，它本身不能獨立存在，它只存在於經驗意識中，即有關對象的意識中。由此可見，自我意識受對象意識掌控，由對象意識決定。另一方面，只有先驗統覺將知性的概念範疇運用於感官經驗之上，對象意識才有可能。這又說明，對象意識又原則地為自我意識所決定。

在「客觀演繹」中，與「對象意識」相對的是「自我意識」。關於「對象意識」我們在前面的章節裡有過詳細的描述，在此不做過多探討。本節主要探討的是「自我意識」與「對象意識」的相互依存。

在闡述這兩者的相互關係時，我們先來瞭解一下「自我意識」的概念。「自我意識」是指什麼呢？康德指出，「自我意識」不是經驗的自我意識，而是先驗的自我意識。所謂「經驗的自我意識」，就是自己意識到自己在思維、感知、想像，亦即是主體的感知、想像、記憶等。「先驗的自我意識」則與此不同，它不同於任何具體經驗中的自我意識，不等於具體意識到自身的那種自我意識。康德認為這種經驗的自我意識與所有其他的經驗材料一樣，也只是變動不拘的雜多，這種經驗的自我意識中的「我」，不過是隨滅隨生的一種感知經驗。

「先驗的自我意識」，是人類特有的、常住不變的意識的統一性形式本身，它邏輯地先於任何確定的思維，而又只存在於一切具體的感知、想像、思維、意識之中。很顯然地，康德所說的「自我」，並非是個體的感知經驗，而是指人類的認識形式，康德因此將它說成是所謂的「先驗自我」。感知、感覺總是個人的，它們之所以能建立一個共同的客觀的認識，正是由於有這個人類的「先驗自我」，也就是認識形式。但同時，這個先驗的自我意識又

無法離開各種具體的經驗意識而單獨存在。它僅僅作為一種形式，存在於經驗意識之中，並具體地為經驗中的對象意識所決定，之所以說它是先驗的，是因為它普遍必然地適用於一切經驗認識和認識的全部過程，具有客觀效力。

明白「自我意識」之後，就輪到闡述康德全部論證最緊要的部分，那就是我們本節要闡釋的主題：「對象意識」與「自我意識」的相互依存。一方面，先驗的自我意識僅僅是一種純形式，它本身無法獨立存在，它只存在於經驗意識中，即有關對象的意識中。由此可見，自我意識受對象意識掌控，由對象意識決定。另一方面，只有先驗統覺將知性的概念範疇運用於感官經驗之上，對象意識才有可能。這又說明，對象意識又原則地為自我意識所決定。一方面，只有一個被思想所指向、有著內部必然聯繫的對象意識的存在，作為本源統覺的自我意識才能現實地存在，否則就只是空洞的虛無；倘若沒有透過對象意識的綜合統一性，心靈便不可能先驗地思維它自身的統一。另一方面，客觀對象作為現象世界之所以是一種能理解的統一，又正在於它們從屬和服從於自我意識的統覺形式。

對象意識是由自我意識用感性材料構造和建立起來的。一方面，客觀對象迫使我們這樣去思維，另一方面，先驗的自我意識必須將範疇運用於感性雜多，才可能有對象的客觀規律。不同於唯理論，一方面，這個能動的知性無法脫離感性經驗而獨立存在，它不是天賦觀念之類的內在東西；相反地，它必須存在於經驗意識之中，依存於一切具體對象的認識，離開了後者，也就沒有什麼能動的知性，也沒有什麼客觀認識和真理標準，因此是種種具體對象及其客觀秩序和統一性，具體地規定了主體自我意識的綜合統一。另一方面，不同於經驗論，康德認為，普遍必然的客觀真理的認識不在感覺，而在知性，正是能動的知性保證了認識的客觀性和真理性，這是自我意識提供的。

這樣，一方面，自我意識無法脫離對象意識，而依存於對象意識；另一方面，對象意識又由自我意識所建立。自我意識與對象意識成為彼此對立而又依存，交相決定而又並無關係這樣的矛盾。認識的能動性和客觀性的關係問題非但沒有解決，反倒更加突顯了。

　　這個矛盾的根源是由康德二元論基本觀點所導致，簡單來說，因為康德承認有不依附於自我意識活動的感性雜多，任何具體認識——一件事、一件物、一個對象、一個過程，都必須先要有給予了的即提供了的感性材料。正如經驗概念有其對應的特殊對象一樣，整個自我意識也應有其對應的對象，這就是先驗對象。這個先驗對象作為不確定的「某物」，是所有經驗判斷的前提。如當我們判斷這「是」一朵花，也就是判斷給予我們的直觀雜多「是」一個不依存於我們心靈主體的客觀對象，而並非只是那些紅、香等觀念的主觀聯想和感知。這正是由於在我們所有的認識中，有這樣一個對象——「某物」先驗地存在，才可能使人的意識與對象、認識與現實產生互相一致的客觀性。

　　康德認為，如果沒有經驗表象為思維提供材料，那麼「我思」活動就不會也無法發生。他說：「只有我們感性的和經驗的直觀能給予概念以實體和意義。」另一方面，必須要有一個統覺（綜合統一的自我意識）來作為知性以主動聯結、整理、安排感性原料，才能構成對象，形成認識。「某物」之所以成為被認識的事物，對象之所以成為主體的對象，是自我意識——即統覺綜合統一的結果。

　　康德說：「意識的綜合統一性是一切知識的客觀條件；只有在不同於『我』的直觀中，雜多才能被給予，只有透過聯結在一個意識中，雜多才能被思維。」多樣性來自於感性對象，統一性來自知性心靈。經驗作為一個對象被認識，全靠知性範疇；但作為什麼對象被認識，這仍然需要靠感性材料。康德說：「的確，經驗規律絕不能從純粹知性中找到根源，正如不能僅僅從感性直觀的純形式就可推出理解無窮盡的現象豐富性一樣。但是所有經驗規律又只是純粹知性規律的一種特殊規定，從屬和依據這種規定，經驗規律才成為可能。」

　　如因果範疇作為形式，來自知性；但是，具體因果規律和關係，則又仍依存於客觀具體事物的對象。這樣，一方面是先驗的自我意識，另一方面是先驗的對象，二者互相應對，是知識的兩大基礎。這兩大基礎，康德認為都是不可知的。

康德論證自我意識，目的是為了反對萊布尼茲唯理論的「預定和諧說」，即認為對象之所以與我們認識相一致，是一種上天安排的預定的和諧。康德認為，這是根本無法證實的形而上學，是超經驗的思辨，不能成立。另外也是為了反對洛克經驗論的認識論。洛克認為，人的認識、範疇都來自經驗，所以能與對象一致。康德認為，範疇根本無法來自經驗，所以不能成立。因此，只有第三條路可走，這就是認識與對象的一致，是由概念——認識所構造出來的。

康德雖然反對萊布尼茲所主張對象與概念之間的預定和諧，實際卻代之以知性與感性之間的預定和諧，亦即人們主體意識內部功能之間的和諧一致。對象意識中的「對象」，透過主體意識，這種和諧才能建立。在自我意識與對象意識的相互依存中，「自我」是矛盾的、主要的、發揮決定作用的方面。而「對象」是作為我們意識的統一性在雜多上的出現，是意識中的對象，形成知識的條件與知識對象的條件完全是統一的。主體關於對象的知識與知識的客觀對象，變成完全統一的東西。

▎先驗矛盾

「先驗矛盾」就是矛盾對立的意思，也可以譯為「二律背反」。「先驗矛盾」是康德辯證法中最為重要的一個部分。

「先驗幻象」與辯證法

康德認為，這種以概念為事實，以假為真，以主觀理念為客觀對象的「先驗幻象」，是認識過程所必然產生，因此，任務就在於研究這種幻象，暴露出它的謬誤和矛盾。這種暴露認識進程所必然產生的「先驗幻象」的矛盾謬誤，就叫做辯證法。辯證法就是「先驗幻象」的邏輯。幻象之所以為幻象，在於將主觀的必然性當成了客觀的必然性，辯證法就是要揭示這個矛盾。

先驗辯證論是康德《純粹理性批判》一書中較為好懂的一部分。分析論說明知識（真理）如何構成，辨證論說明謬誤如何產生。康德認為，認識論的根本任務在於防止認識闖入本不是它所能達到的領域。康德說：「一切純

粹理性的哲學的最大、也許是唯一的效用，只是消極的，因為它不是用來擴大純粹理性的工具，而是限制純粹理性的原則，它不是去發現真理，而只有防止謬誤的功勞。」

在辯證論裡，康德透過為知性劃分界限，指出靈魂、自由意志、上帝這些形而上學的實體，由於沒有感性直觀的經驗基礎，因此並不是認識的對象。一切證明靈魂、自由意志和上帝的理論學說，都遭到了康德的駁斥詰難，康德並不認同這些觀點、學說，認為這些觀點根本無法站穩腳跟，不能成立。其中尤其是對安賽姆的《天主存在論》和笛卡兒的《本體論證明》，以及「宇宙論的證明」和「自然神學的證明」，進行了詳細的探討和批駁。

康德認為，上帝存在純然是個主觀信仰問題，根本無法證實。但是我們知道，人是有理智的，人的理智會對人的信仰產生影響，不論是加強人的信仰，或是減弱人的信仰，教會和宗教的維護者總是想方設法來「論證」神的存在，就是這個緣故。現在，康德將上帝趕出了認識領域，客觀上會削弱人們對上帝的信仰。儘管這並非是康德的本意，但是客觀上對宗教造成了不好的影響。因此，康德的行為雖受到了革命詩人海涅的追捧，但同時也受到了敏感的天主教會的詆毀，康德在他們眼裡成了大逆不道之人。

其實康德認為，這些無法認識的對象——自由意志、靈魂不朽、上帝存在，雖然無法證明它們存在，但同時也無法證明它們不存在。這些無法認識的對象除了作為信仰對於人們的實際生活道德倫常有利、有益之外，還是知性認識追求的趨向和目標。作為「範導原理」，它們對認識有著積極意義。由此可見，辯證論與分析論一樣，康德哲學中的兩種傾向在這裡依然有著深刻的對峙，只是辯證論不像分析論那樣呈現為直接的矛盾。這裡表現出的是一副典型的折衷形態。這是因為，辯證論一方面是康德整個認識論的完成，另一方面它又逐漸涉及道德倫理領域，實際上是思辨理性（理論理性）向實踐理性的過渡。

先驗感性論主要談感性，先驗分析論主要談知性，先驗辯證論主要談理性。感性、知性、理性，這是康德對人的認識功能的區分。

感性是感覺、知覺等接受的功能和時、空直觀形式。而知性是理智、理解等功能。理性在德國古典唯心主義哲學中具有一個特殊地位，它不同於感性，也不同於知性，它指的是一種更根本、更高級的東西。它有時完全與知性同義，有時又帶有十分神祕的意味。因此說，康德在《純粹理性批判》一書中所用的「理性」一詞有著多種意義。

　　坎普·史密斯認為，康德所用的「理性」一詞，至少有三種不同的含義。

　　一是：作為一切先驗因素的源泉，用於最廣泛的意義上。它包括著感性的先驗和知性的先驗。

　　二是：作為最狹隘的意義，指那促使心靈不滿足於其日常和科學的知識，而指引它去要求在經驗範圍內永不能發現的完全性與無條件性的功能。

　　知性決定著科學，理性產生形而上學。知性有諸範疇，理性有其理念。

　　三是：將理性與知性作為同義詞使用，把心靈只劃分為兩種功能：感性與主動性。

　　康德將理性視為是知性的同義詞的用法，跟我們今天的習慣用法——即區分認識為感性認識與理性認識，略微相當。但是對康德自身來說，重要的並不是這種用法，而是理性不同於知性、區別於知性的用法。這個用法包含非常複雜、多樣和含混的內容，在此只講康德在認識論中的「理性」。

　　康德認識論中的「理性」指的是「純粹思辨理性」，也稱為「純粹理論理性」，以區別於倫理學領域的「純粹實踐理性」。在辯證論中，「純粹思辨理性」並不是指另一種與知性不同的思維功能或能力，而是就理性有一種與知性不同的思維對象和內容而說的。也就是說，知性的對象和內容是感性經驗；理性的對象和內容是知性自身，而非感性經驗。理性與感性沒有任何瓜葛，只與知性的活動和使用有關，因此它也可以說是關於思維的思維。

　　康德說：「純粹理性絕不直接與對象有關，而只與知性關於對象所構成的概念相關；理性絕不直接應用於自身經驗或任何對象，而只應用於知性，它要用概念給予知性的雜多知識以先天的統一。」

　　純粹知性的概念是範疇，純粹理性的概念則是理念。純粹知性範疇具有綜合統一感性的功能，通由想像將感性雜多納之於知性的軌道。純粹理性的理念則以其「範導原理」對知性具有統一的功能。知性予感性以統一，理性則予知性以統一。理性由於只統一知性，與感性無關，因此它不是經驗的統一，而只是概念的統一，是一種應用概念構造系統的統一。範疇是規範感性以用於經驗的，而理念則恰恰針對非經驗的東西。這樣，理性的統一性便只是主觀的，沒有任何客觀意義和效力。這就是說，不能將統一知性的理性的理念視為是客觀存在的對象，或具有客觀規定性和實在性。由此可見，它與知性的範疇、概念存在很大不同。

　　理性概念與知性概念從外表上看不出有什麼不同，兩者都是抽象概念，它們的區別是在實質上。知性的對象是感性經驗，任何感性經驗都是有條件的、有限制的具體存在。但是，人們總是無法滿足於對這些有限、有條件的感性經驗對象的認識，而要不斷地追求、認識無條件的、無限制的統一整體，亦即所謂絕對總體。但這種無條件、無限制的絕對總體，是任何具體的感性經驗所無法給予的。康德說：「所有經驗的絕對總體自身是無法經驗到的。」例如，關於世界假如作為一個總體，那麼便不是感性經驗所能給予或是提供的。任何感性經驗總是有條件、有限制的。知性只能從這些有條件、有限制的感性經驗出發，去推論和肯定一個無條件的、不受限制的絕對總體的存在對象，這便是知性超越感性對象的一種擴充，即由有條件的統一擴充到無條件的統一，由受限制的部分擴充到無限制的總體，進而超出人們可能經驗的範圍，於是產生了理性的理念。

　　靈魂、自由與上帝，就是這種客觀並不存在，但是由於知性超經驗地追求無條件、無限制的統一而產生的先驗理念。康德說：「理性概念是關於完整性的，即關於全部可能經驗的集合的統一性的。」知性是管經驗的，理性則透過知性追求一種全部經驗的完整統一體。

　　康德以形式邏輯做類比，以判斷與推理相當於知性與理性。康德認為，如同每種形式邏輯的判斷蘊涵著一個純粹知性概念——範疇一樣，形式邏輯的每種三段論式便蘊涵著一個純粹理性概念，即理念。十二個判斷蘊涵著

十二個範疇，三種三段論式的推理便蘊涵著三個理性理念：由直言推理最後追溯到一個自身不是賓詞的主詞，即靈魂；由假言推理最後追溯到一個不再以任何其他事物作為條件的前提，即自由；由選言推理最後追溯到一個自身不再是部分的總體，即上帝。

知性範疇只能從判斷得出而不能由感性得來；理性理念不能由判斷得來，只能透過推理得出。判斷是直接論斷，推理則有大小前提，也就是說有條件的，於是由有條件的不斷追溯到一個無條件的，便是上述三個理念。

康德說：「一切先驗理念可列為三類：第一類包含思維主體的絕對（無條件的）統一；第二類包含現象的條件系列的絕對統一；第三類包含一般思維對象的條件的絕對統一。」第一類是推論一個主觀思維的絕對統一（不朽的靈魂）；第二類是推論客觀對象的絕對統一（形成所謂宇宙論的二律背反）；第三類是推論一個一切主客觀所有條件的絕對統一，這就是上帝。

康德指出，這實際上是「我們把對知性有益的概念聯繫的主觀必然性，當做物自身規定中的客觀必然性」，換句話說，將主觀思維中追求的東西視為客觀存在的東西，這樣就構成了虛假的對象，即所謂「先驗的幻象」。這種「先驗的幻象」並非是邏輯錯誤，也不是經驗的幻象，之所以這樣，是因為它是理性的。這正如看到月大日小，水天相接的經驗幻象是無可避免的，是感官本身所必然產生的一樣，「先驗的幻象」也是理性進行認識必然會產生出來的。它們是幻象，但必然會產生。經驗幻象是感官影響我們的知性，發生判斷的錯誤。「先驗幻象」則是知性本身超經驗使用的結果。之所以這樣，是因為追求形而上學是人的一種自然要求，是思維進程不可避免的趨勢，任何人心中都有一種形而上學的傾向，都要求對這種超經驗的總體有所認識和掌握。

康德認為，這種以概念為事實，以假為真，以主觀理念為客觀對象的「先驗幻象」，既是認識過程所必然產生，因此，任務就在於研究這種幻象，暴露出它的謬誤和矛盾。這種暴露認識進程所必然產生「先驗幻象」的矛盾謬誤，就叫做辯證法。辯證法就是「先驗幻象」的邏輯。幻象之所以為幻象，在於將主觀的必然性當成了客觀的必然性，辯證法就是要揭示這個矛盾。康

德說：「我們必須與之打交道的是一種自然和不可避免的幻象，這種幻象棲身在主觀的原理之上，而欺騙我們好像是客觀的……所以存在一種純粹理性的自然和不可避免的辯證法……這是與人類理性不可分離的辯證法。」

四個「先驗矛盾」

　　康德這四個「先驗矛盾」，標幟著康德哲學中的兩種來源和兩種傾向。正題是傳統的唯理論，它符合神學和宗教，是唯心主義路線。反題則是經驗論，經驗論不符合神學教義和當時統治階級的所謂道德風尚，它肯定時、空無限，否定上帝和非因果的自由，它更接近唯物主義。

　　康德認識過程中的辯證法，展現最為充分的是宇宙論的四個「先驗矛盾」（「先驗矛盾」就是矛盾對立的意思，也可以譯為「二律背反」）。「先驗矛盾」是康德辯證法中最為重要的一個部分。

　　康德說：「我將所有先驗理念在它們有關現象綜合中的絕對全體，稱為宇宙概念，部分是因為這個無條件的全體也是世界整體概念建築於真土的基礎，部分是因為它們只與現象綜合——即經驗的綜合有關。」人們認識中的先驗矛盾，是因為去追求和推論這個宇宙的絕對全體而引起，即從部分的、有條件的、有限制的經驗對象進而追求完整的、無條件的、不受限制的絕對全體的宇宙，也就是將宇宙作為一個全體來追求，進而引起無法解決的矛盾，產生「先驗幻象」。由於這幻象涉及感性經驗的現象綜合，康德認為，可用範疇的四項——數量、性質、關係、程態來表示它們。對應於「數量」的是時、空有限無限的矛盾；對應於「性質」的是物質能否無限分割的矛盾；對應於「關係」的是有否不同於自然因果的自由；對應於「程態」的，是能否有宇宙萬物的最後原因或根源的存在。

　　這四個「先驗矛盾」的正反題如下：

第一個「先驗矛盾」

正題

世界在時間上有開端，在空間上有限界。

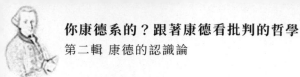
反題

世界並沒有開端，也沒有空間限界。就時、空而言，它是無限的。

第二個「先驗矛盾」

正題

世界中任何組集的實體，都是由單純的部分構成的，除了單純的事物或由單純部分所構成的事物以外，世界上別無他物。

反題

世界中組集的事物不是由單純部分所構成，世界中沒有任何單純的事物。

第三個「先驗矛盾」

正題

依照自然規律的因果，不是世界的所有現象全能由它得出的唯一的因果關係。要解釋這些現象，必須假定還有另一種因果，即自由的因果。

反題

沒有自由，世界中任何事物都是依照自然規律而發生的。

第四個「先驗矛盾」

正題

有一個絕對必然的存在屬於這個世界，或作為它的部分，或作為它的原因。

反題

世界中或世界外都沒有一個絕對必然的存在來作為世界的原因。

康德透過反證法論證了這四個正題和反題都能成立，進而使認識陷入了嚴重的矛盾之中。之所以這樣，康德認為，就是由於將宇宙世界作為一個統一整體（或絕對全體）去追求認識，最終超出感性經驗範圍的緣故。感性直

觀無法將宇宙世界作為整體呈現給知性，也就是說，感官不可能感知作為整體（或全體）的宇宙世界。由感性直觀提供的經驗世界，是有限制的、部分的、不完備的，聯繫於其他事物而存在的即有條件的，受自然因果關係所支配的。對於一個超出這些的「現象綜合的絕對不受條件限制的全體」，是經驗所無法提供的。因此，上述四個「先驗矛盾」的正反雙方就都不是經驗所能證實，經驗所提供的對象與正反雙方都是不相適應、不能符合的，所以都只能用反證法來證明。

康德指出，對運用於經驗範圍、使世界被我們認識到的知性概念來說，宇宙論的理念不是過大就是過小。倘若說世界沒有起點、無限可分、沒有最初原因等，這就超出了關於一切經驗和知性概念所可能提供的，因此過大。倘若說世界有起點、由不可分的單純部分組成、有一個最初原因等，那麼知性和經驗還能夠繼續前進，科學還能繼續發現發明，絕不停止在任何一個具體的有限之內，因此過小。這就是說沒有起點、無限可分等是經驗所永遠無法提供證實的，而有起點、不可分等則已由經驗予以否證。

那麼，如何解決這個矛盾呢？康德說：「先驗的唯心主義是宇宙論的辯證論解決的鑰匙。」康德認為「先驗矛盾」證明了先驗的觀念論即劃分不可知的物自身與經驗認識的現象界的「正確」。因為從物自身與現象界的劃分來看，第三、第四個「先驗矛盾」的正題和反題都是正確的。作為物自身，正題肯定上帝和自由意志的存在，它們不是認識的對象，不是感性直觀的對象，而是屬於道德倫理領域的實體，這是對的。而作為經驗世界的現象界，反題因為否定上帝、否定自由意志的存在（即沒有什麼與自然因果不同的另一種因果），是與我們的感性直觀和經驗相吻合一致的，因而也是對的。在感性時、空直觀和經驗世界中，是沒有這種超自然、超因果的自由和作為萬事萬物的原因的上帝存在的餘地的。

對於第一個和第二個「先驗矛盾」，康德認為，無論是就物自身或就現象界來說，都是錯誤的。

就物自身來說，它根本不是認識的對象，時、空根本不適用於它，因而根本不存在什麼有限或無限的問題，也不存在有限可分還是無限可分的問題，說物自身有限或無限可分都是錯誤的。

　　就現象來說也是錯誤的，因為對現象界的認識離不開我們主觀的直觀形式，如上面所說的，它們作為現象系列只能存在於經驗的不斷追溯之中，既然它們依存於人的經驗認識，因此就不能做出這種對經驗認識來說是過大（無限）或過小（有限）的肯定結論。說時、空是有限的，物質不是無限可分，不符合經驗認識，因為經驗認識還可以繼續擴展延伸；說時、空是無限的，物質無限可分，也不符合經驗認識，因為經驗並未也永遠無法告訴我們這一點。因此，正反題對於經驗都毫無意義可言。

　　康德說，「因為世界不是獨立於我們表象的追溯系列而自身存在，世界自身的存在既非無限的整體，也非有限的整體。世界只存在於現象系列的經驗追溯中，不能作為某某物自身而遇到。從而，倘若這種系列經常是有條件的，絕不能作為完成的系列被給予世界就不是一個無條件的整體，並不作為無限的量或有限的量的整體存在」，「一個被給予的現象中的部分的數量，其自身既非有限，也非無限。因為現象不是自身存在的某物，它的部分首先是在分解的綜合的追溯中，並透過這追溯給予我們的，而追溯絕不能作為有限或無限的絕對完成給予我們。」

　　這種時、空數量的經驗追溯本身也不能說是有限或無限地進行，而只能說是不定地進行下去，也就是說，我們所認識的不斷綜合本身也不能以有限或無限規定，因為綜合並沒有這樣一個有限或無限的絕對完成體。如肯定追溯可以無限地進行，這就等於事先假定時、空本身是無限的，「就是以世界具有無限量為前提」。如肯定追溯只能有限地進行，那「這種絕對的限界在經驗上同樣是不可能有的」，對於經驗又太小了，因為經驗仍然能夠不斷繼續下去。所以解決這個有限無限的矛盾，就在於指出經驗可以不定地進行下去。

這兩個矛盾是形式邏輯的反對判斷，還不是矛盾判斷，即可通假，從而可以有這種第三條（不定進行）出路。所謂不定進行，就是說可以一直進行下去，它既非有限，也非無限。

康德這四個「先驗矛盾」的正反雙方，標幟著康德哲學中的兩種來源和兩種傾向。正題是傳統的唯理論，它符合神學與宗教，是唯心主義路線。而反題則是經驗論，經驗論不符合神學教義和當時統治階級的所謂道德風尚，它肯定時、空無限，否定上帝和非因果的自由，它更接近唯物主義。

「先驗矛盾」的特殊性

早在康德從事寫作之初，便一直關注現實事物的矛盾，他在諸多論著中廣泛談論到諸多事物的矛盾，但是為什麼他最後只提四個「先驗矛盾」，作為辯證幻象呢？很顯然這是有特殊意義的。這四個「先驗矛盾」的正反面意義顯然還有不同於一般概念的矛盾正反面的地方。不能將這四個「先驗矛盾」的具體內容，掩蓋在概念一般的對立統一的辯證法的解決之下，還應該研究它們矛盾的特殊性。單純只講矛盾的普遍性並不能解決這四個矛盾的特殊性問題。

康德的「批判哲學」是在概括當時科學成就的基礎上，與唯理論的鬥爭中形成的。而這四個「先驗矛盾」便正是與這種概括和鬥爭直接相關。首先，關於時、空有限無限，不只是從希臘以來哲學史長期爭議的問題，而更重要的，也是康德更注意的，是它成為當時科學爭論的一大問題：牛頓認為有限世界存於無限時、空中；而萊布尼茲認為兩者都是無限的。其次，關於無限可分問題也是如此，希臘原子論與亞里斯多德、牛頓與萊布尼茲分庭抗禮、各執一端。第三、第四兩個「先驗矛盾」，則更是康德長期苦惱的關於科學與宗教、形而上學的異同問題。

正是這兩大問題，即有限與無限、因果與自由的尖銳矛盾，促使康德突破唯理論的先驗實在性的教條，提出先驗觀念論的「批判哲學」。所謂「先驗實在性」是指唯理論認為世界（包括上帝和自然界）如實存在，這便會發生有限、無限問題，也發生上帝、自由與自然因果的關係問題。但倘若按照

康德的先驗觀念論來看，世界作為人的認識對象，只是現象，而非獨立自在的物自身，因此，它的所謂有限無限不過只存在於我們認識的不斷進展中，它本身無所謂有限無限。同時，透過劃分現象與物自身，康德也認為解決了因果與自由的矛盾，現象界必然為因果（機械力學）所統治，不存在自由。自由只在本體（物自身），但這又是經驗所無法證實的，它只是一種邏輯上的可能和存在，而不是現實的可能和存在，它只是「可思」而不是「可知」的。這樣，就不致於像唯理論那樣將二者混為一談，進而陷入不可解決的矛盾之中了。

由此可見，康德這四個「先驗矛盾」的提出，有其特殊性。這特殊性在於與他的整個「批判哲學」的建立密切相關。「解決」這四個「先驗矛盾」，構成了他的「批判」的基本拱心石。

從哲學上正確提出和解決這四個「先驗矛盾」，應該說，黑格爾做了辯證法的貢獻。同時關於無限與有限有比較簡單的看法，那就是將無限視為有限的量的不斷延伸或累積，如一、二、三、四……，黑格爾將這種無限稱之為壞的無限，因為這種無限是有限始終不能達到的「彼岸」。正如列寧指出，此種無限「在質上和有限性對立，和有限性沒有聯繫，和有限性隔絕……似乎無限站在有限之上，在有限之外。」牛頓的宇宙觀便是這種無限。康德揭示了這種無限的困難和缺點，黑格爾則以「真」無限來解決這個矛盾。黑格爾認為，無限與有限是相互轉化的，有限中包含無限。壞無限有如一條無止境蔓延的直線，真無限則是一個封閉的圓圈，「沒有起點也沒有終點」。

康德以理性矛盾的形式提出了有限無限這個問題，反映著唯物主義與唯心主義兩種傾向的尖銳矛盾。正題則是唯心主義的，符合於宗教也服務於宗教；而反題是唯物主義的，符合科學也服務於科學。這個哲學史的教訓對今天自然科學的爭論，仍有著借鑑的意義。

關於時、空等前兩個「先驗矛盾」是康德所謂「數學的」，涉及量，如無限有限、可分不可分。而後兩個是所謂「力學的」，涉及的是所謂「存在」。康德說：「理性的力學概念不與看作量的對象有關，而只與對象的存在相關」。而康德所提出的第三、第四兩個「先驗矛盾」實際上是一個問題，因為所謂

宇宙是否有一個最後的超自然原因和作用，即是否有不同於自然因果的自由因，亦即是否有一個最後的必然存在（上帝）。

康德提出包括宇宙論的先驗矛盾在內的理性理念，要害仍在「全體」問題。這個問題成了康德辯證法的一個重要特徵。如前所述，康德認為，作為客體方面的全體，有四個「先驗矛盾」；作為主體方面的全體，是靈魂，作為主客體的全體則是上帝。靈魂與上帝不過是先驗矛盾這個「全體」的一種神祕表現方式。但是，倘若辯證法缺乏這個「全體」觀念，便得不到真理的客觀性的規定，而只會成為主觀地玩弄矛盾，即抓住任何一種矛盾而大講一分為二或合二為一，這就成為「空洞的否定」。即並非從歷史的、全面的全體出發，而是任意抓住一個問題或一個階段，來談對立統一，辯證法便也常常成了變戲法。

主觀地運用對立面的統一，運用這種概念的靈活性，正如列寧所指，這等於折衷主義和詭辯論，而非辯證法。只有客觀地即「反映物質過程的全面性及其統一的靈活性」，才是辯證法。因此，列寧一再強調：「真理是過程」。「全體」在康德那裡，是作為統一系列的主觀理念和辯證幻象。

康德認為，理性理念只是一種主觀的範導原則，是為了保證知性（認識）的統一和系統，是方法論。靈魂、自由、上帝不只是知性追求統一和系統化的全體理念，同時它還有比認識更高一層的力量和地位。它不只是認識論中先驗邏輯的幻象，而且更是倫理學中的實踐理性的公設。康德說：「一切人類認識以直觀始，由直觀進到概念，而終於理念。」

物自身

「自我意識」是康德認識論的中心，「物自身」學說則是整個康德哲學的核心，它貫穿於康德整個哲學體系。它是康德哲學認識論的歸宿，又是通向倫理學的門戶。

正因為此，「物自身」在康德整個哲學中處於一個樞紐地位，它的內容和含義也十分複雜。在認識論上，它有三層意思：一是感性的源泉，二是認

識的界限，三是理性的理念；這三層意思交織在一起，相互包含和沉浸「不可知」這個總的含義之中。第一和第三是「**物自身**」的兩個對峙的方面，第二是第一、第三的過渡。

物自身作為感性的來源

「物自身」是認識中感性材料的來源。正是由於「物自身」的存在，對象才提供刺激，為感官所遭遇到，才產生我們的感覺。「物自身」獨立存在於我們之外，我們的感覺、感性由物體作用於我們感官而引起。倘若沒有「物自身」，感性也無從發生，經驗材料也無從提供，從而認識也無從開始。

「物自身」是指認識中感性材料的來源。康德認為，正是由於「物自身」的存在，對象才提供刺激，為感官所遭遇到，才產生我們的感覺。「物自身」獨立存在於我們之外，我們的感覺、感性由物體作用於我們感官而引起。倘若沒有「物自身」，感性也無從發生，經驗材料也無從提供，從而認識也無從開始。在此意義上，「物自身」實際上指的是不依存於人們意識而獨立存在的客觀物質世界。

康德在《未來的形上學之緒論》一書中說，「對於客觀事物的存在，從來不加絲毫懷疑，『先驗』一詞不是就我們的認識與物的關係而言，只是就它與認識能力的關係而言。將實的事物（非現象）化為表象，乃是唯心主義。」他又說，「對這個永恆者的感知，只有透過在我之外的一物才可能，而非僅透過在我之外的一物的表象。」

康德的「物自身」一詞經常用複數，實際上可以說等同於占有空間的物理性的各種物體。它們作為感覺的來源，並非指單一的某種精神實體。複數原本是「數量」的範疇，來源屬於「因果範疇」，只能用於現象界，而不能用於「物自身」。但是，康德卻偏偏這樣描述了「物自身」，也可見「物自身」的真貌。但這也不能說明「物自身」的唯物主義方面，因為用複數可以瞭解為康德用以區別於「惰性」的物質，更可解釋為眾多物體（複數）當作「物自身」看待。同樣，因果用於「物自身」，可以解釋為倫理學的自由因，這種因是可以作用於現象界的。

康德認為，「物自身」作為感性來源，不依存於人們意識而獨立存在。被直觀的感性雜多，是獨立於、不依存於知性活動而被給予的，且還是認識的現實性的唯一標準。康德說，「有一個特點不能忽略，即被直觀的雜多，必須先於和獨立於知性的綜合而被給予」，「唯心主義認為除思維的存在體外再無它物，認為直觀所感知的不過是思維之內的表象，外界並無任何對象與之相應。我的看法相反。我認為，作為我們感官對象在我們之外的東西是存在的，這些東西本身是什麼，我們一無所知，我們只知道它們的現象，即當它們作用於我們感官時在我們之內所產生的表象。因此，我承認在我們之外有物體存在。就是說，存在這樣一些東西，這些東西本身怎樣固然不可知，但由於它們作用於我們的感性，便使我們知道它們，我將這些東西叫做『物體』，這個名稱雖然指的只是我們所不可知的東西的現象，但它意味著實在的對象是存在的」。由此可見，康德較鮮明地表白了「物自身」學說的唯物主義方面。

康德的「物自身」雖然作為感性來源而存在，但其最著名的特徵，卻在於它不可認識。正因如此，才使康德得到「不可知論」者的稱號。康德的「物自身」並非就是可認識的物質，而是物質後面不可知的「本體」。康德認為，物質指的是現象，是占有空間（外延）的外感官的對象，它雖不能歸結為主觀概念，但也不能等同於「物自身」。康德說：「空間是我們用來感知位於我們的內部自然界之外的物體形式，這些物體為我們所不知，但其現象我們稱為物質。」康德在此用的「物質」一詞，並非是指「物自身」，而是指質料，即作為邏輯判斷的材料和構成經驗的要素。可見，不是物質，而是「不可知」，才是「物自身」的最本質含義。

物自身作為認識的界限

康德的「物自身不可知」是說，雖然「物自身」存在，但由於它屬於超經驗的彼岸，我們的認識無法到達。因此，它的存在就意味著認識的一種界限，是認識不可超越的標記，而這就是所謂「本體」。

關於「本體」，康德在《純粹理性批判》一書中著重提到，正是為了給認識規定這個界限而使用的，這應該是「本體」一詞在認識論中的首要含義。

「本體」與「現象」相對立，人僅限於認識現象。康德說：「要防止感性直觀擴大到物自身和限定感性知識的客觀有效性，本性概念實所必須。這種留存的事物而為感性知識所不能適應者，叫做『本體』。」

　　康德認為「本體」這個概念的作用，在於它指出感性經驗所不能達到、不能獲得任何材料的「消極」界限。但是，知性使用這個概念不但限制了感性，同時還限制了知性自身，即任何知性範疇、原理，如實體、因果等等，也同樣無法行使、應用到這個「物自身」上去。因為，既然「物自身」不是感性經驗的對象，那麼知性範疇應用其上就沒有意義，沒有任何客觀效力，便不能產生任何認識和知識。康德說：「『物自身』作為『本體』的概念，實質上只用作經驗原理的限界，自身並不含有或啟示超越這些原理範圍以外的任何其他知識對象。」這便是康德「物自身不可知」的消極方面，即僅僅作為經驗、認識界限的標記而無所肯定的一層含義，也是「物自身」的基本含義。

　　因此，所謂「物自身」與現象界的區分，倒不是說存在兩種東西：一為可知，一為不可知，而不如說是指同一對象，一是就其可認識而言（現象界），另一就其不可認識的「自身」（物自身）而言。

　　深入分析，康德不可知的「物自身」實際上包含兩方面。一是屬於對象——客體方面的，也就是我們前面講到的客觀物質世界的本質。除此之外，還有一個主體方面的，即「先驗演繹」中與「先驗對象」相對峙的「先驗自我」，也就是作為「統覺綜合統一」的「自我意識」。這個先驗的「自我」只能出現在經驗的意識中作為形式和功能；它本身究竟是什麼，即這個作為認識主體的先驗的「我思」、「純我」究竟是什麼，是不可知的。康德說：「很明顯地，我不能作為一個對象去認識那必須以之為認識任何對象的前提的東西。」「先驗自我」是時間的根源，但它本身並不在時間之中，因此，也就不屬於任何經驗現象領域，所以它也是一個「物自身」。在此需要注意的是，「物自身」作為感性來源和認識界限的獨立存在，即在認識範圍之外。

　　康德說：「人類知識有兩個源泉，便是感性與知性。它們大概來自一個我們所不知道的共同的根基……即使自然全部能為我們所知，我們還是永遠

不能回答超自然的那些先驗問題。這是因為我們除內部感覺外，沒有其他直觀能觀察我們自己的心靈，正是在那裡潛伏著我們感性功能的根源的祕密。感性與對象的關係，和這個（客觀）統一的先驗依據，對畢竟只能透過內部感覺來認識自己從而只能當作現象的我們，隱藏得如此之深，以致不能用感性作為發現任何除現象之外的探究工具，儘管我們非常熱心於去探討它們的非感性的原因。」

這說明，康德看到，可能存在一個共同的根源作為我們認識的基礎，但基於人類只具備靜觀的感性能力，因而沒有辦法去超越經驗認識這個「非感性的原因」。只有具備知性直觀的上帝才能獲得這個心靈的祕密。因此，康德一再說，「……提出一個問題，即我們知性功能與物自身相一致的根源何在，仍然處在晦暗之中」；「倘若我們想要對感性和知性的來源做出判斷，那麼我只能眼看這種探索完全超出人類理性的界限而無能為力。」

物自身作為理性的理念

康德提出「物自身」不可知但又存在，則感性材料可以永遠提供，「物自身」作為理性理念不斷引導知性去追求，便又可使認識無止境地永遠進行。

康德認為，「物自身」儘管不可知，卻總存在，因此，它包含有「物自身」儘管不能被認識，但可以作為思考對象而存在的含義。康德說，「我們不能認識作為物自身的任何對象，而只能認識它作為感性直觀的對象，即現象」，同時又指出，「必須銘記在心，雖然我們不能認識，但至少可以思維作為物自身的它們。」

康德認為，在我們區分「現象」與「本體」時，已包含有將「本體」只作為知性思維的對象，與「現象」作為感性直觀對象相區別，從而「便叫後者為知性存在物（本體）」。也就是說，「物自身」作為一種被理智肯定的思維存在物；這種存在是與作為現象的感性存在體相對峙的、並作為現象基礎的知性存在，即與現象相對峙並作為現象基礎的「本體」。在此，康德提出「本體」除了「消極含義」之外，還有一種所謂「積極含義」。

所謂「消極含義」，是指「物自身」不是感性直觀的對象，而所謂「積極含義」，則是指「物自身」可以是一種非感性直觀的對象；它是「可以」是，而不是「一定」是。

　　康德說：「倘若我們用本體指一物不是我們感性直觀的對象，並完全脫離我們直觀的方式，這是該詞的消極含義。但如果我們用它來理解一個非感性直觀的對象，從而假設有一種特殊的直觀方式，即我們所不具有、甚至也不瞭解其可能性的知性直觀，這即是『本體』一詞的積極含義。」康德不認同能認識「物自身」的存在，但認為可以思維它存在，假定它存在。康德認為，假定一個理性理念的上帝（以及靈魂、自由）「好像」存在著，以作為世界的最高原因，並展示出世界萬事萬物的目的性，以達到經驗的最大系統的統一、完整和秩序，這對於研究自然是有益的事。這就是與知性作用於感性以構成認識的「構造原理」相區別的所謂「範導原理」。

　　所謂「範導」是相對於「構造」而言，「範導」是理性指引知性，作為規範引導；而「構造」是知性作用於感性以構成知識。康德強調理性理念只是「範導」原理，而非「構造」原理，是為了區分理性理念與感性直觀形式、知性範疇原理，指出包括上帝在內的所有理性理念，都不是認識，不是科學。康德說，「系統統一的理念只能用作範導原理以指引我們依據自然的普遍規律在事物的聯繫中去尋找這種統一」。因此，科學尋找的仍然只是自然的因果決定論的聯繫。包括「最高存在者的理想」（暗指上帝），也不過是理性的範導原理而已。這種範導使我們將世界一切聯結視為好像都由一個充足的必然原因而產生，但任何理性的「理念」都只能作為一種假定的「好像」存在的最後原因或最高智慧，用以指導經驗的探求，而不能代替這種探求，不能從這種所謂最後原因、最高智慧中推演出或直接論證經驗世界的知識，或作為經驗知識的現實來源或基礎。

　　康德提出「物自身」不可知但又存在，則感性材料可以永遠提供，「物自身」作為理性理念不斷引導知性去追求，便又可使認識無止境地永遠進行。

第三輯 審美與目的論

　　長期以來，審美判斷與目的論的關係在康德哲學中似乎是個不解之謎，而實際上，審美判斷力是整個目的論中唯一的先天原則，目的論判斷力則是從中引申出來的一個觀點，兩者都屬於目的論，但有審美判斷力和目的論判斷力的層次之分；另一方面，審美判斷力作為目的論中的最深層次，又構成整個康德哲學體系的「入門」，不但是自然形而上學的入門，而且是道德形而上學的入門，因此具有高階自律即「再自律」的特點。

▌人的本質與審美

　　人是什麼？這個困擾著古往今來許多哲人的問題同樣困擾著康德，且困擾了其一生。康德對人是什麼這個問題給出的答案是「人是自身的最後目的」。這個答案是康德從人與宇宙、自然的關係中，引導出來的對人的最高定義。

　　宇宙是永恆運動著的物質，它本身並無目的可言，也不會自動趨向於某個目標，也沒有終結之日，不是由不完善狀態向完善狀態的轉變，也不是由未完成走向完成。主宰宇宙的完全是一種盲目的自然力量。在康德看來，宇宙再不能創造出比人更完善的事物了。自然既是盲目的，沒有意識的，人就不應該成為自然的工具。不僅如此，人也不應該成為任何超人的、超社會的抽象觀念或偶像的工具。

自我意識與審美

　　人類的本質，也就是人足以區別於其他存在物的本質規定，使人成為人，也就是「人在他的觀念中能夠有『自我』，這使他無限地高於地球上一切其他生物」。由於人有自我意識這個本性，因此有時就要突出自我，將自我擺在中心地位，「從人開始用『我』來說話的那一天起，只要有可能，他都要將他心愛的『自己』顯現出來，且這種唯我主義會勢不可當地向前衝」。唯

我自然是不會顧忌別人的，在認識和實踐領域都將自己的意見放在別人的意見之上，康德將這稱為專斷。

康德所說的專斷有三種類別，一是知性的專斷；二是趣味的專斷；三是實踐利益的專斷。其實也就是邏輯的、審美的和實踐這三種專斷。這是與人的三種能力相對應的專斷意識，審美的專斷是其中之一，它也來源於唯我主義，來源於自我意識的強化，也就是基本人性的一個方面。

在人類中，唯我主義者是其中一部分，另外一部分是與此相對的多元主義者。多元主義者不是將自己看成是整個世界，而是將自己放在眾人之中，從公眾的觀點來看待自我和他人。多元主義者沒有審美的專斷，但這並不等於說是沒有審美意識，僅僅是不專斷而已。多元主義者在審美上總是尋求與公眾的判斷一致，時時以此來矯正自己的審美趣味。因此，不管是唯我主義者，還是多元主義者，在其本質規定中，都包含著審美意識。

自由與審美

自由是人類的重要屬性，康德在《實用人類學》一書中將人規定為「自由活動的存在」。這是透過人和其他存在的對比中顯示出來的。自由是人的本質之一，同時亦是審美的主觀條件，只有具備了這個條件，審美活動才能開始。人不會為外物所限，也不會為自身的動物性所限，這充分反映了他的自由本質。人的這種能夠自由地對待和把握外物的特徵，也是審美創造和審美活動的前提。

康德在《實用人類學》一書中將人規定為「自由活動的存在」。這是透過人和其他存在的對比中顯示出來的。非生物和植物不用說，即便是動物，雖然它能夠活動，有欲望，對外界刺激也能做出反應，但這種行為依然是無意識的，這些動物對自然界對它們施加的制約完全無能為力，因此根本談不上真正的自由。

與動植物不同的是，人類有意識，有認識能力，因此可以在一定範圍內進行自由選擇。康德認識到，「人的意志總是表現出對周圍的人的敵意，總是要求無條件的自由，不僅總是要取得獨立，甚至還想成為在本質上與他平

等的其他存在物的統治者。」人的這種意向從幼年時代就表現出來了，因此根深蒂固而又十分頑強，這種意向不利於人與人之間的相互交往和社會進步，因此要透過制度加以限制，這種制度可以是法律。

　　自由是人的本質之一，同時也是審美的主觀條件，只有具備了這個條件，審美活動才能開始。這種觀點在歐洲也是古已有之，且有相當強大的勢力。在西方藝術家和理論家心中，審美、藝術和自由存在不解之緣，藝術家和審美主體以及創作過程和審美活動都展現著自由精神。這正如美國哲學家 H·M·卡倫在其《藝術與自由》一書中有幾處這樣的文字，「依據古代傳統，『創造的藝術家』擁有其他人所沒有的自由」，「自由的人們 ……是另一種人，他們為之奮鬥的絕非在他們之外並超越他們的法則，而是在他們之中的生命的源泉和方式。他們對自由的信仰就是他們對自身的信仰」，「因此，屢見意志自由和藝術自由表現出無差別的特徵。」有了自由的人和人的自由，才能有審美和藝術，這種觀點從古希臘延續至今，在各種現代派藝術中發展成為非理性、下意識的創作觀與審美觀。儘管康德並沒有直接表述出自由與審美的關係，但其認為審美離不開自由的觀點，還是能從其《實用人類學》中體會得到。

　　人的自由本質也展現在與外物的關係上。有感覺能力且能與外物發生關係的，並非只有人類，動物也有這種特點。但是面對同一物，人與動物在掌握對象的方式上卻存在區別。動物只會從它本能的生物需求出發，從物質的角度、以物質的方式去占有和享用，主要是將外物當作單純的食物和築巢的材料，而人類卻不同。世上每一件事物都有許多面向，有複雜的性質，如內容與形式、內在外在，以及與他物的關係等。當人與一物發生對象性的關係時，他並不是只以一種方式去利用外物的單一方面，並非只是簡單地利用外物來滿足自己的物質需求，而是能以各種不同的方式享用事物的所有方面，其中包括以精神的方式去掌握和享用事物的形式和外觀。因此，人不會為外物所限，也不會為自身的動物性所限，這充分反映了他的自由本質。

　　康德說：「大自然因此（人的理性特徵表現在他的手指構造上），不是為了利用事物的一種方式，而是不確定地為了一切方式，因而是為使理性的

使用熟練起來，以便將他作為理性動物之類的技術或技能表現出來。」康德主要是把手的技能與理性聯繫起來，把靈巧性視為理性的表現。人的這種能夠自由地對待和掌握外物特徵的能力，也是審美創造與審美活動的前提。

人向自身的生成與審美

康德在其《實用人類學》一書中將人生規定為「自己構成自己」的過程，人類的主要特徵之一便是不斷地將自己創造為理性的存在。與動物不同的是，人的本質規定是在歷史中實現的。動物都有自己類的特徵與本質，屬於這一類的任何一個個體，在其一生中，能將這個類的全部本質顯現出來。如一隻虎，牠的一生能將這種猛獸的本質——兇殘、有力、敏捷、迅猛、善於獵捕等這些特性全部實踐一番。

虎的類本質中，不會有超越於一隻虎所能具有的更多東西。然而，人就不同了。人在剛出世的時候，只具有動物的本能，此時還不具備人的屬性。為了成為理性的存在，為了獲得人的類本質，人必須在其成長過程中不斷學習、實踐，不斷創造自己。況且，即便是終其一生，單個的人也只能實現或獲得類本質中很少的一部分。單一的個體永遠是未完成者，單個的人是如此，整整一代人也是如此，不可能完全實現人的全部本質規定，也無法成為最終的完善的人。

康德說：「人類只在不斷向前的運動和無限多的世代中提高著自己的追求，他們的目的永遠是一個遠景。但奔向這個最終目的的意願卻永不變更，不管自己的旅程上遇到了多少障礙。」

在人類向自己的規定運動的過程中，確實要克服無窮的障礙，有無數的東西在阻礙人類生命的發展，這就使人生充滿了苦悶。「存在」、「本質」、「煩惱」這些字眼，會讓我們立刻想到存在主義。存在主義的核心概念「存在」、「本質」、「煩惱」都是康德早已使用過的，但康德在人生煩惱這個問題上與他的後繼者有一些不同。存在主義哲學大多給人一種虛無和悲觀的印象，而康德本人則始終是樂觀主義者，他提出煩惱，不過只是想論證愉快的根源和性質。煩惱自然是不愉快的，但卻是愉快的前提。倘若人生沒有煩

惱，那自然也就不會存在愉快。在康德看來，愉快的深層根基正是煩惱，因為愉快不過是生命力被促進和加強時的感覺，換句話說是生命力旺盛時的感覺。

所謂生命力旺盛，是指生命運動加快，生命過程加快，實際上也就是迅速完成生命過程的意思，換句話說，也就是加速走向死亡。這句話自然隱含著一些悲劇因素，存在著一些煩惱。由此可見，煩惱和愉快是緊緊聯繫在一起的。所以，康德說：「一切愉快都以煩惱為前提，煩惱始終是第一位的。」

我們將康德關於煩惱的觀點拿來探討，是因為它與審美有著內在的聯繫。在其《實用人類學》一書中，「煩惱」是在討論快感和無快感時提出來的。康德由「煩惱」入手引出和論證了愉快，從一般的快感引出了「反思直觀」的愉快和趣味，最後引出了美與崇高，與美學發生了關係，於是便構成了一個「人的本質——人的能力——情感——愉快——審美——美和崇高」這樣的邏輯思維，為人類學、美學勾畫出清晰的輪廓。

人的感性與審美

人認識能力中的感性能力包含感覺與想像力兩方面，感覺是對象在場的直觀能力，而想像力則是對象不在時的直觀能力。其中，想像力又分為兩種：產生的想像力與再生的想像力。產生的想像力是在感覺材料的基礎上構造表象的能力，而再生的想像力則是再現心靈中已有形象的能力。在康德的心目中，感性包含著審美，審美是感性活動的一部分，而感性又是普遍人性之一，於是，人性又從感性自然地通向美學。

康德在討論感性時，並沒有從純粹直觀形式——時、空入手去研究感覺、知覺經驗的構成，而是從感官、感覺、表象等來開始描述人的感性活動的特徵及其意義。

康德受夏夫茲伯利與赫其森等人影響，將人的感官分為內感官和外感官兩種。所謂內感官就是我們通常所說的第六感官。康德明確地提出「心靈即內在感官」。內感官不是純粹的統覺，而是屬於認識能力的，認識能力與外部狀態或人的外在活動有關。所謂內感官是感覺和體驗人自身的內在狀態的

感官，是一種無法表述的知覺情緒。康德認為，從心理學的意義來說，心靈是內感覺的器官。康德所說的心理學，是當時比較流行的「理性心理學」，這種心理學將心靈或靈魂作為研究對象，第六感官之說就來源於這種心理學。在我們看來，內感官不外乎就是人的精神、認識、情感、知覺、意志等交融綜合的總體。

人的外在感官有五種，即視、聽、嗅、觸、味，這是人與物接觸並產生感覺、知覺、表象的能力。這五種感官中，觸、視、聽三種較為高級，能反映客體的狀態，而味、嗅這兩種較為低級，人的主觀因素偏多。內外感官結合起來，就構成了人的感性能力。

人的認識能力中的感性能力包含感覺與想像力兩方面。感覺是對象在場的直觀能力，而想像力則是對象不在時的直觀能力。其中，想像力又分為兩種：產生的想像力與再生的想像力。產生的想像力是在感覺材料的基礎上構造表象的能力，而再生的想像力則是再現心靈中已有形象的能力。

在外在感官之中，還埋藏著一種特殊成分——生命感。生命感沒有自己的獨立器官，也沒有特定的感覺領域，它只是眾多感官中能夠展現人類生命內容的因素，倘若不特別留意或是專門研究，很難覺察到它的存在。生命感與普通外感官的感覺的根本區別在於，後者僅關係到部分神經，而前者則關係到全部神經系統，人的整個身心都受影響。這種生命感與審美有著千絲萬縷的關係。康德在闡釋生命感時說：「冷和暖的感覺，甚至由情緒引起的感覺都屬於生命感官。人在崇高的觀念面前所產生的震顫，也屬此類。」這樣，崇高感便與人的感官或感覺中的生命意識發生了淵源性的關係。倘若人類沒有特殊的生命感，崇高感就不會產生，美學之中也就不會有崇高這個概念。此外，康德在討論生命感時，還提到了音樂。他認為「音樂似乎是單純感覺的語言」，是在傳達感情。音樂與生命的關係是前者促進後者，因為音樂是有規律有節奏的活動，生命也同樣如此。二者的契合與共鳴就在生命層次上發生了實際效果。

所有《實用人類學》從始至終都表現出對感性的重視。

　　感性在人的生活中發揮著十分重要的作用。康德特別指出，在演說術和詩歌藝術這兩種審美活動中，感性比知性更有效。這兩種藝術向人提供了極為豐富的精神財富，不過它們是在反思活動中被提供出來的，具有模糊性質。面對這類現象，知性表現得束手無策。用今天的話來說，就是對於藝術鑑賞的複雜心理感受，用知性概念是無法說清楚的，因為模糊性正是各門藝術的本質屬性之一。感性在概念活動中遠不如知性，但在演說術和詩歌藝術中卻能以綜合的直感方式去掌握和占有它們所提供的美，而不致於像知性那樣顯得不知所措。

　　在康德的心目中，感性包含著審美，審美是感性活動的一部分，而感性又是普遍人性之一，於是，人性又從感性自然地通向美學。

　　康德認為，人的觸、視、聽都有自己的類的規定性，與動物有著本質的區別。關於觸覺，康德說：「大自然似乎只讓人獨有這種器官，他可以透過觸摸所有的事物來形成一個關於某物形態的概念，而昆蟲的觸覺則顯然只能感知物體的存在，而不打算去探尋其形態。」一種是全面的，一種是片面的；一種有形式感，一種只有質料感，二者是完全不同的。關於聽覺，康德又說：「透過發聲器官，人們能夠最容易、最完滿地與他人在思想和情感方面建立共同性。」人能發出和聽懂音節清晰的聲音，於是，在聽覺的基礎上形成了語言。更為特殊的是，高度人化的聽覺發展出一種特殊的對音調的感受力，即音樂感。每個人的音樂感能力是存在差異的，有些人缺乏音樂感，而有些人則有較精細的音樂感。有的人聽覺很敏銳，稍有動靜就有所察覺，但這絕不是音樂性的聽覺。他們的聽覺器官對於音調完全沒有感受力。他們非但不能學唱歌，甚至於連歌唱和普通的喧囂聲都難以分辨。

　　關於人的感官，馬克思也曾論述過。馬克思在《一八四四年經濟學——哲學手稿》裡這樣寫道，「人的眼睛跟原始的、非人的眼睛有不同的感受，人的耳朵跟原始的耳朵有不同的感受」，「對於無法分辨音律的耳朵來說，再美的音樂也毫無意義，音樂對它來說不是對象」，「因為對我說來任何一個對象的意義，都以我的感覺所能感知的程度為限。」

在康德的理論中，他僅僅將人的感官視為「狹義的人類學的規定，而忽略了人的社會內容」。在康德的敘述中，人類的本質和規定性成了各種「天賦」，使原本很有價值的思想失去了現實的根據。但是，我們應該看到，《實用人類學》中關於人的器官和感覺的學說又絕不是生物學的，康德沒有將人作為動物來看待，而是將人放到了倫理關係中，從道德行為和道德情感著眼來討論包括感性在內的人性，這樣就以康德特有的方式使人的本質有了一定的社會性。

人類的本質與形貌

人類的本質與其外在形態存在某種關聯。人有多方面的本質，自由、創造等屬性能影響人的體貌，而道德、心靈則不一定這樣。自由、創造等實踐能力透過手來反應。康德說：「作為理性生物的人的特點，也表現在他的手、指頭、指尖的形態和組織中，部分表現在他們的結構上，部分表現在他們細膩的感覺上。」之所以如此，是因為手必須完成和實現人的意圖，必須去製作，這樣，經過漫長的歷史世代，手就人化了。人的能力和手的形態是一致的，但這種一致性也僅僅表現在手上，人的體形相貌通常來說與內在品行並沒有必然聯繫，這和人工製品有所不同。

人們製作一件物品，即追求實用又要講究美觀。比如一個鐘錶匠，倘若他費盡心思製作了一隻優良的錶，那麼他也會精心去裝飾它的外表。但人的道德、心靈等精神素質卻是另外一種情形，這些內在的品性並不一定與外貌一致。造物主不是鐘錶匠，我們不能說他也會給一個善良的靈魂一個美麗的外表，以使他所創造出的這個人在別人面前獲得好感，受人喜愛。同樣地，造物主也不會給壞人一副醜惡的嘴臉，讓人一看便知這就是歹徒。

康德指出這類現象，是因為他看到了人的品德、心靈與外貌之間的矛盾，與某些美學流派所熱衷的「外在形態表現了內在本質即為美」的學說可以形成一種對照，啟發我們繼續去思考這個問題。但是，康德又認為，就總體來說，人類現有的形貌與作為理性存在物的內在本質還是適應的。他說，「我們不能為一個理性存在構想出一個更合適的形象」。倘若其他天體上也有人

類居住，由於自然條件與地球不同，其外表自然與我們存在差異。我們也很難想像出不同於人的形象來，如果真的想像出一個不同於人的外星人形象，那肯定是醜陋的。

人的外在方面最能展現人美醜的是面孔，即人的臉型。關於人的臉型，康德從臉型的「理想」和「典範」入手來闡述這個問題。他提到古希臘藝術家頭腦中曾有過一種面部形態的「理想」。面孔年輕、富有激情、靜穆、眼窩深陷、鼻子有適當的角度等等，流傳下來的古希臘雕像證明了這一點。康德認為，這類「理想」或「典範」並不與現實的人完全相同，而是存在一些微小的差異，某些部分被有意地突顯出來，這樣才顯得美。倘若樣樣都合乎標準，那就不一定美。假如我們留心觀察現實的人，就會發現，一種精確的合規律性通常來說只能表現出一個沒有精神的平庸之人。適中尺度僅僅是美的基本標準和基礎，絕不是美本身，因為美需要某種顯示性格的東西。也就是說，可能存在這樣的人，他的臉型、五官完全適中合度，合乎某一民族的標準，但卻不見得美，因為這張臉太平庸，平庸就會缺乏鮮明的個性。

相反地，有可能存在這樣的人，他的面孔的各個部分並不十分合度，初看起來並不好看，人們很容易在他的臉上發現某些缺陷，但如果這張面孔更有性格，它就會比「完全合乎規則的」面孔更令人喜歡。康德舉例說，一個滿臉麻子的人，如果有好的脾氣，也不忌諱人家提起自己的短處，甚至還能拿自己的麻臉開玩笑，那麼這張臉就不會顯得怎麼醜。此外，康德說：「無論哪個民族，當他們初次看到外種人時，總覺得那些人的臉孔、眼睛、頭髮等滑稽可笑，很難認為是美的。」當然，康德的看法也只是經驗之談，這與批判及美學可以互相印證。

康德在「審美判斷力的批判」裡曾提到過一種關於人的審美典範，這是人在社會生活中逐漸形成的人的形態的平均值，與這個典範接近就是美的，反之就是不美或醜。但在那裡沒有明確地提到要表現出性格這一點，這就不如《實用人類學》裡的範型論更全面合理。

▌心理機能與審美

《實用人類學》並非是專門探討美學的著作，因此，自然不可能系統、詳盡地討論審美心理問題。但是，全面研究人性的《實用人類學》卻又不能不涉及心理問題，而文化人類學的心理描述又不能不涉及審美心理。康德這部人類學著作比起其他同類著作，其審美心理有關的論述更多，儘管這些論述是零碎的，有些甚至是間接的，但只要我們仔細考察某些敘述的精神實質，還是能掌握它們與審美心理的關係。

想像力的活動

想像力在整個康德哲學中始終發揮著重要作用。康德認為，儘管想像力這個「偉大的藝術家」不是魔術師，不能憑空創造，只能在經驗材料的基礎上進行工作，但仍不失為一種「構形的感性創造能力」。這種能力與現在說的形象思維有相通的地方，而且「創造能力」這個詞，在德文裡還隱含著藝術意味。

在《實用人類學》一書裡，康德將相當於形象思維的感性創造能力劃分為三種：第一種是「空間直觀的構形能力」；第二種是「時間直觀的聯想創造能力」；第三種是「親和的感性創造能力」。下面為大家逐個講解。

第一種：「空間直觀的構形能力」。

「空間直觀的構形能力」是「生產的想像力」的功能。所謂「空間直觀」，是指在空間中展開的面積、體積、大小、形狀、結構等構成的物象。「直觀」是指呈現於意識中的感情材料或形象。在具體論述這種感性創造能力時，康德一開始就提到了藝術家，他說：「藝術家在能夠表現人體之前，首先應該在自己的想像中將它製作出來。」這是說構形的感性創造活動與藝術創作有著緊密的聯繫。當空間直觀的創造能力受意志的控制時，所產生的結果就是藝術性的「製作」或「編造」。康德特別提到藝術家在創作時有兩種不同的方式。一是按「與自然的產物相似的圖景」來製作，這稱之為「自然的作品」。

二是按「經驗中不可能發生的圖景」來製作，這稱之為「離奇的」、「不自然的」、「荒誕形象」。這很明顯是對現實主義和浪漫主義的原始表述。

當「空間直觀的創造能力」不受意志控制時，就成了無意識的，其產物被命名為「幻象」。最典型的幻象就是夢境。康德說：「睡著的人的幻象遊戲就是夢境。」夢對人有著重要意義，它是生命力與心靈存在的表現，倘若睡眠中生命力不斷被夢境所激發，它就會熄滅，極深的睡眠必定要導向死亡。

康德將夢作為無意識的「構形創造」來看待，實際上也就是一種無意識的形象思維。這為我們對形象思維的研究提供了途徑和拓寬了領域，並指導我們將有意識的形象思維和無意識的形象思維綜合起來加以思考，這樣對它的心理機制會有更多的發現。康德關於無意識的感性創造能力和產物的見解給了我們一把解開形象思維之謎的鑰匙，使我們有可能透過想像力——有意識的感性創造——無意識的感性創造——形象思維這條線索去尋找問題的答案。

第二種：「時間直觀的聯想創造能力」

「時間直觀」與「空間直觀」不同，「時間直觀」的特點不是外延性，而是在先後次序中來掌握對象的，實即聯想律。聯想律就是：兩個經常接踵而來的經驗表象在我們心中形成一種習慣認識，當其中一個出現時，會引起另一個出現。

第三種：「親和的感性創造能力」

「親和性」指的是「基礎相同的雜多（即多樣性）事物在根源上的和諧統一」。在闡釋這種能力時，康德最先提到的是「人在默想或與人交流思想時，應時時有一個主線以便把各種事物串聯起來。」這是說，人在思維時，想像力應該去尋求那些有親緣關係或者說類似的表象，不能沒有主旨。因此，「親和性」的實質也還是由一個表象想到另一個與之相類似的表象，與聯想律有相似之處。

康德所說的後兩種感性創造能力，一種是較自由的聯想，一種是類比的聯想。他在對這兩種聯想進行具體論述時，流露出一種思想，即人的主觀意識是聯結表象的決定性因素。聯想是一種感性創造，這種創造帶有明顯的意向性。康德說：「倘若我們以前聽說過某人是兇殘的，我們就會覺得他的臉上有險惡的痕跡。尤其是在激情與狂熱結合在一起的時候，臆想往往會與經驗混雜在一起，構成一種感覺。愛爾維修曾說過，一位太太透過望遠鏡在月亮上看到了兩個情人的影子；而緊隨她之後透過同一架望遠鏡觀看月亮的神父卻說：『噢，不，太太，那是大教堂上的兩個鐘樓。』」

　　由此可見，聯想主要取決於人的主觀因素，人在對象的形態上捕捉到的通常是自己的心曲，外在事物的形象常與主體的思想情緒相融合。這實際上就是馬克思所說的「人的本質力量的對象化」。人的本質力量是多方面的，其對象化的方式也有著多種形態。人的勞動與創造能力要以物質產品的形式來對象化，人的思想情感卻要靠意識活動來對象化。人以自覺或不自覺的聯想，將自己的心靈狀態賦予外物，這實際上是創造了一個與自己密切相關的對象，或者說是想像中的另一個自我。

　　康德認為，「創造的想像力為我們提供了一種與自己交往的方式，雖然這只是內在感官的現象，但與外在感官相似。」人的聯繫創造就是人的自我交往。「自我交往」這個概念的提出不僅揭示了心理聯想活動的內在根源，也揭示了藝術創作和鑑賞以及一般審美活動中一個極可注意的現象。藝術家與作品的關係就是一種自我交往，鑑賞者在鑑賞時不僅接受了藝術作品，同時又將自己的感情賦予它，使它成為對象化的心靈，這同樣是一種自我交往。

　　康德以他獨有的方式，從以上三個方面討論了感性創造能力，主要指的是我們稱為形象思維的活動。形象思維不侷限於藝術家和藝術活動，普通人的日常生活中也存在大量的形象思維現象，且發揮著重要的自我調解、自我交流的作用。我們在討論形象思維時，通常是從藝術創作出發，所以總覺得那裡有邏輯在發揮作用，總覺得形象思維最終依然要歸於邏輯思維。事實上，藝術活動並不是典型的形象思維。在藝術創作的整個過程中，無疑始終有邏輯思維在頑強地發揮作用，而日常生活中則有許多是純粹的形象思維，在那

裡完全是感性材料或感性形象在不斷地組合、構成、聯結、轉換、相生、類比。倘若對這方面進行深入的研究，就能更容易地弄清形象思維的真實情況。

符號活動

感性創造是一種非語言、非邏輯的思維活動，與此相類似的還有符號的創造和使用。康德在其《實用人類學》中討論認識能力的時候，提到過一種記號能力。康德這樣闡釋這種能力：「對作為聯結未來表象和過去表象的仲介的當下事物之認識能力，就是記號能力。」意思就是說，當下事物的表象在過去曾形成了某種意義，處於過去與未來之間的現在事物就有了記號的作用。康德在時間框架內來解釋記號，有其獨到的見解。人隨時走向未來，知識的意義也在於未來。人的認識是要對未來發揮作用的，但又要以過去的經驗為基礎，這就需要將過去經驗與未來將產生的意義聯繫起來。感性經驗都是以表象的形式存在的。現在的表象及其意義是在過去的實踐和認識活動中形成的，它在未來的生活中具有示意作用，是一種「召喚結構」，因此它就成了仲介。它之所以被稱為記號，是因為它經過一定程度的抽象和概括，其意義已經超越了具體的單個事物，成了某種意義、價值或情感的標記。

記號分兩種：一是任意的記號；二是自然的記號。

任意的記號：任意的記號是人為創造的，專門表示人類所賦予的某種固定意義。屬於這一類的符號有八種：一、表情，如戲劇表演中的形體動作、手勢等；二、書寫符號，即聲音符號；三、音樂符號，即樂譜；四、一部分人約定的符號，如數位之類；五、有繼承權的自由民（奴隸社會中除奴隸以外享有公民權和財產權的居民的通稱）的階級符號；六、制服上的職務符號，如禮服和僕人制服；七、榮譽標誌符號，如綬帶；八、恥辱標誌，如黥面等。在上述八種符號中，真正與審美和藝術有直接關聯的是康德最先提到的戲劇表演中的表情。演員在舞台上由面容、軀體和四肢所創造的形態，確實都是情感的符號，它們的使命是在觀眾心裡激起確定的情緒反應。當代符號藝術論者便是持這種理論。

自然的記號：自然的記號是這樣的，它與它所表示的事物之關係或者是實證的，或者是回憶的，又或者是預測的。這裡有一個時間因素，實證的與現在有關、回憶的與過去有關，而預測的則與將來有關。比如脈搏是病人當下健康狀態的標誌，煙是正在著火的標誌等，這都是實證的符號。墳墓是長眠者永垂不朽的符號，金字塔是法老的永恆紀念物等，這些都是自然回憶的符號。預測的符號更有意義，因為在變遷的鏈條中，現實只是一瞬間，人的欲望能力只能依照將來的後果來思考現在。嚴格來說，人是不可能真正思考和規定現在的，當你思考「現在」的時候，「現在」早已轉變成了過去，因此未來的結果是至關重要的。宇宙間對未來最可靠的預測就是天文學，星球現在的位置和運動就是未來狀態的前兆。

　　康德所說的符號不是一切有意指功能的事物、圖像或文字，而是由感性認識到理性認識的過渡階段。他說，「當一物的形象（直觀）僅僅作為通向概念的手段時，稱為符號，由這物的形象得到的認識稱為符號的認識或借喻的認識」，「符號只是知性的手段，即間接地經過類比與某種能夠運用知性概念的直觀相連的手段。」這是一種低於理性認識的思維階段，在此階段，人還沒有形成對於某物的概念。

　　在原始部族中，這種符號性或象徵性的表達方式在日常生活中發揮著極重要的作用。為了證明自己觀點的準確性，康德又列舉了一個例子，「當美洲原住民說『我們要埋掉戰爭』時，那意思是『我們要締造和平』。」這是用一個具體可感的行為，表達一種抽象的意願。康德認為，在其他原始民族中，在荷馬以來的古代史詩中，在宗教活動中，這類符號思維和表達方式都極占優勢。由此可見，康德所說的符號活動與藝術想像，絕不是沒有關係的。

　　康德所說的符號活動與形象思維有關，他所列舉的各種符號，絕大多數是具體的物體和形象，這些物體和形象是思考和表達思想的工具。用具體物象去思維，即不是知性的抽象，也不是單純的感性直觀，既可稱之為一種思維，又離不開具體形象，這種特殊的意識活動只能歸入到形象思維中去，對研究藝術心理有一定的參考價值。

心靈的遊戲

康德在《實用人類學》中就心靈遊戲的論述很有特色，首先是提出了模糊表象的概念。表象並非概念，這在康德哲學中有著很明確的界線。關於表象，康德給予的定義是知覺綜合感覺的產物。觸覺表象是由硬度、大小、形狀等構成的物體意識，視覺表象是由光、色等構成的感性圖像，而聽覺表象則是連續的聲音印象。康德文中所說的表象意指擺在面前的東西。

模糊表象並非模糊概念。關於模糊表象，康德這樣解釋：「（人們可能）有一些表象，但自己卻沒有意識到它們，這就存在著一個矛盾，因為如果我們並沒有意識到它們，怎麼能知道有這些表象呢？對此，洛克已經提出質疑，並因此而拒絕承認這種表象的存在。但是，我們能間接地意識到這一表象，卻不能直接意識到它。這樣的表象叫做模糊表象，其他則稱為清晰的表象。」

洛克不認同關於清晰認識和模糊認識的學說，不承認有什麼模糊觀念之類，康德則透過實例來說明我們完全可以間接地證實模糊表象的存在。康德說：「倘若我看到遠處有一個人，但因為距離實在太遠，以致於我無法清楚地看到他的眼睛、鼻子、嘴巴、耳朵，但是我知道那是一個人，這就是一個人的模糊表象。倘若我意識中並沒有人的模糊表象，那麼我就不會肯定我看到的是一個人。模糊表象不只這一種，有許多朦朦朧朧的意識也都屬於模糊表象。」

模糊表象在心靈的遊戲中扮演著重要角色。康德說：「我們經常拿模糊表象來遊戲，並對想像力將我們喜歡或不喜歡的對象遮掩起感興趣；但是，最常見的還是我們成了模糊表象的玩物，我們的理智也無法擺脫這種荒誕。」我們拿模糊表象來遊戲，是說我們的心靈機能，比如想像力之類圍繞著這個表象展開活動。我們看到遠處有一個人，卻無法看清他的面貌，自然我們就無從辨認這個人是誰，繼而我們就會去想像或是推測這個人到底是誰。這種猶疑不定的狀態就可以稱之為心靈的遊戲。

康德的這些想法並非是在專門的美學意義上提出來的，但很容易能引申到美學，這對於揭示審美心理的特殊狀態很有幫助。比如我們在欣賞自然風

光時，看到一些懸崖絕壁或岩洞中的鐘乳石，我們就會覺得那些形態與某些動植物很像，但又不完全像，這種介於像與不像之間的形象也是一種模糊表象。我們的心靈會圍繞這種表象展開想像活動，這種活動就是心靈的遊戲，當然也是一種審美活動。

另一方面，模糊表象又將我們當作玩物：拿我們來遊戲。所謂模糊表象拿我們來遊戲，是說我們被它所愚弄，被它引導去做一些傻事。康德舉例說：「俄國有一句諺語說：『看衣迎客，按智送人』，理智終究還是擺脫不了漂亮衣服所帶來的模糊表象所給人的印象；只是到後來，理智才能試圖改變自己對它的最初判斷。」在康德所舉的這個例子裡，模糊表象就是不切實際的觀念，或是外表的假象。在此，我們的心智不是以表象來遊戲，而是被「衣帽取人」那樣的錯誤觀念所迷惑，被它們所玩弄。這樣，心靈與模糊表象就處於互為玩具、互相遊戲的關係中。這是思想史上關於主客體關係極為獨到的見解。通常所說的主客體對立統一的關係，是說主客體互為存在的條件和前提，主體反映客體，同時客體也反映主體。

在《實用人類學》中，有關心靈遊戲學說的另一特點是提出了「藝術遊戲」的概念。「藝術遊戲」直接與審美活動聯繫起來。所謂「藝術的」，並非指現代的一般用法，而是指「人為的」、「有意識的」活動。

「藝術的遊戲」是康德在討論「幻象」或「迷誤」時提出來的。康德說：「感性表象所造成的對於理智的幻象，可以是自然的或藝術的，或錯覺，或欺騙。」有時，表象在無意間將理智引入了迷途，眼前出現了幻象，這就是錯覺。有時人為地將人的心智引入迷途，這就是欺騙，但並不是我們平常所說的讓人倒楣的那種欺騙，只是故意讓你對事物的外觀產生錯覺。

錯覺是「自然的」，欺騙是「藝術的」，但兩者都是無須勞心費神的心理活動，都是「感覺的遊戲」，且都是令人愉快的、有益的。屬於自然幻象的錯覺一類的，康德舉例來加以說明。康德說：「神殿內部的遠景壁畫，常能以假亂真；人在觀看一幅油畫時，如果看得久了，就會覺得畫中人物活躍起來；阿姆斯特丹市政廳裡人工繪畫的梯階總在引誘人們拾級而上。」欺騙

是人為的感性幻象的遊戲，各種魔術就屬於這一類。某種顏色或花紋的衣服會將臉色襯托得更鮮明，這是錯覺，而臉上塗脂抹粉則是欺騙。

康德在論述心靈的遊戲與幻象時，流露出一種思想，那便是藝術和審美活動對心靈尤其是感性的欺騙，就是人為欺騙自己的感性而人為創造出來的，所以才稱為「藝術」而非自然產物。人都有一種貪圖安逸的本能意向，對這種意向的欺騙可以「透過美的藝術遊戲」和「社交娛樂」來實現。康德說：「以強制來反對感性愛好是於事無補的，人們必須用巧計去戰勝它，就像史威夫特所說的，拋一隻桶給鯨魚玩，以拯救船隻。」

心靈需要遊戲，同時也需要欺騙，這便是藝術與一般審美活動的根源。這是康德對人性深入觀察得出的結論，寥寥數筆，卻提出了帶有根本性的美學問題。

美感特徵

康德認為，人的情感首先是快感和不快感。在快感和不快感之中，最有意義、最能反映人的本質的就是美感。

康德在其《判斷力批判》一書中將快感分為三種：一種是單純的感官愉快；一種是道德愉快；另外一種是審美愉快。感官愉快和道德愉快都與對象的存在和性質有關，都是客觀性的愉快；審美愉快則與對象的存在和性質沒有什麼瓜葛，僅涉及對象和目的性的形式，是主觀性的快感。

在《實用人類學》一書中，康德卻從另一種角度將快感和不快感分為：感性和理性這兩類。康德認為，感性的快感和不快感因為起因不同而可分為兩種，一種是由感官引起的，是滿足感，另一種是由想像力引起的，是鑑賞和趣味。理性的快感和不快感也可分為兩種，一種是透過描述性的概念引起的，另一種是透過理念引起的。

康德非常重視不快感，把它放在與快感同等重要的地位。在《實用人類學》一書中，有許多地方都談論到了不快、不滿意、煩惱等問題。康德認為，愉快和不快不是正（+）和零（〇）的關係，而是正（+）和負（—）的關係。不快並非是空白狀態，而是愉快的反面，它在審美上不是沒有意義，對人的

生存的影響與愉快同等重要。愉快和不快這兩種情感在人的生存過程中總是交替出現，互為前提，處於「矛盾運動」狀態。

康德說：「煩惱總是第一位的。」任何愉快都以煩惱為前提，這是因為不僅阻滯生命力會產生不快感，就是快感的深處也隱藏著悲劇因素，也有煩惱的成分。康德曾設問：「生命力不停地提高的結果……與因愉快而迅速走向死亡有何不同？」答案其實就隱含在這個問題裡；最終結果差異甚小或並無不同。因此，從本質上來說，愉快中有痛苦，痛苦中有愉快，於是康德就有了「痛苦的愉快」和「甜蜜的痛苦」這樣的說法。

為了闡釋「痛苦的愉快」這個觀點，康德舉例說：「一個境況窘迫的人，因為父母或某一位善良的親屬死去而得到一筆財產，這時他就因繼承了遺產而高興，又因為失去親人而悲傷。」同樣地，就「甜蜜的痛苦」的闡述，他也舉了一個例子，「一位富有的寡婦，因死去丈夫而傷感，但因為廣有家財，不愁沒有男人上門來討好，於是就有幾分甜蜜。」

上面所談論的是一般的愉快。一般的愉快並非審美愉快，但討論審美愉快必須從一般的愉快開始。說明了各種愉快及其原因之後，康德開始探討美感的特殊性質。在《實用人類學》一書中，就美感的論述，康德指明了美感是半感性半理性的愉快，另外，提出反思直觀即是趣味（即鑑賞）的觀點。

康德將美感視為感性愉快的一種，這就肯定了美感與感性和感覺有關。美感不是理性倫理，不是知性認識，沒有意志的自由概念在發揮作用，也沒有必然的自然概念在發揮作用。美感不可能是無對象的沉思冥想，也不可能是抽象的思辨。美感必須要有外在對象，必須要有外在感官和內在感官的活動，否則就不是感性活動。

此外，美感也不是純粹的官能享受，不是純感覺的愉快，因為其中有想像力在發揮作用，這是美感與其他快感不同的地方。想像力是一種對象不在時再現對象表象的能力。想像力的活動可以離開對象或超越對象。在想像力圍繞表象的活動中，理性也暗中參與了，儘管在這裡由它的原理引出的不是判斷，也不是要在這些原理的基礎上去證明什麼。所謂暗中發揮作用，是說

理性儘管在這裡沒有認識什麼，也沒有證明什麼，但卻將表象提到自己面前去關照，試圖從自身的高度去掌握對象，這樣就使美感有了理性成分。

康德認為，審美的「半感性半理性的愉快」有它的限定領域，那就是在「反思直觀」中。「反思直觀」這個概念值得探討。從美學觀點看，「反思直觀」似乎比「反思判斷」更有內容，也更合理。「反思」與「直觀」這兩個詞結合在一起，本身就有了半感性半理性的意思，而「反思」與「判斷」這兩個詞結合起來，從字面上看只有理性的意義。可惜的是康德對這個「反思直觀」並沒有做過多的解釋，僅僅只說它就是趣味。康德認為，美感是反思直觀的結果，而反思直觀就是趣味。

▌關於趣味

在康德前批判期美學中，趣味還僅僅是從前人那裡遺傳下來的一個概念，其內涵側重於倫理方面。後來，趣味判斷慢慢發展為反思判斷。於是，趣味成了一個形而上學的抽象概念，儘管趣味的概念更普遍、更一般化了，但同時，其具體的內涵也絕大部分被淹沒了，因此理解起來相當不易。唯獨在《實用人類學》一書中，趣味概念被賦予更多內容，有了更明確的規定，被發揮得很充分。

趣味的概念

在《實用人類學》一書中，康德就趣味這個概念做了一番詳細的說明，使我們對趣味這個概念有了較為全面的理解。

康德認為，「趣味這個詞的本義，是感受飲食中某些溶解物的刺激的感官性質。趣味在其應用中，有時被理解為單純的分辨能力，有時被理解為品嚐美食的口味。」倘若說趣味就是味覺或口味，那麼趣味這個詞和我們所說的「美」字的本意相似。羊肉非常美，也就是說羊肉非常可口的意思。值得留意地是，康德將趣味或滋味理解為感官的性質，不是食物自身的性質，這很可能是因為他接受了洛克關於第二性質的學說。洛克認為物質的性質有兩種，「第一種是這樣一種性質，不論物體處於何種狀態，它都絕對不能與物

體分開。這些性質稱之為物體的原初或第一性的性質，屬於這一類的有體積、形象、運動、數目等；另一種是這樣一種性質，事實上它並不是什麼存在於對象本身中的東西，而是一種能力，例如，聲音、顏色、滋味等等，這些稱為第二性的性質。」

洛克認為，滋味等第二性質，實際上並不屬於對象本身，而是一種能力。一種物質會引起什麼滋味，完全取決於人類味覺的性質。同樣一種物質，人類嘗起來是一種滋味，而與人類不同的比如動物嘗起來便是另外一種滋味。將趣味完全視為主體能力，是康德將審美屬性歸結為主體的主要根據，我們也理當從這裡入手，去理解一般所說的康德美學的「主觀論」和「唯心主義」。

在將趣味概念引入美學和倫理領域後，其內涵也隨之會有相應的變化。康德將趣味概念分為兩種：一種是反應的趣味；一種是反思的趣味。反應的趣味是直接的感性反應，由外物的刺激引起，沒有必然性和普遍性，不能要求別人贊同，可以稱之為經驗的趣味。而反思的趣味基於先驗規則，因此它有必然性，且對每個人都普遍有效。這種趣味不單純是感性的，其中也有理性在發揮作用，因此可以稱之為理性的趣味。反思的趣味不能由單獨的個體形成，因為單獨的個體無法構成社會，因此，社會狀態是反思趣味的先決條件。

那麼，準確地說，反思趣味到底是什麼呢？康德這樣回答：「（反思的）趣味就是作為普遍選擇的審美判斷力」，「因此，趣味也就是在想像中對外在對象做出社會性評價的能力。」「普遍選擇的審美判斷力」是相當獨特的說法，其意義在於能夠幫助我們理解趣味的基本內容。趣味即鑑賞，而鑑賞就是「普遍選擇」。所謂普遍選擇，是指依照一般的、普遍有效的、人人都可能贊同的標準，在審美領域內認定某種令人滿意的東西，指明或領會哪些是美的，哪些是崇高的。「社會性的評價」是指從整個社會的高度，依照社會通行的審美觀念或道德觀念，對事物做出評價。「普遍選擇」和「社會性的評價」都是在想像中進行的，都是主體心靈機能的活動。

趣味的性質

將趣味定義為「普遍選擇能力」和「社會性的評價能力」，這樣就蘊含著它的基本特性——普遍性和必然性。康德說：「趣味在於把自己的快感和不快感傳達給別人，並含有透過這種傳達與別人一道體驗愉快和感受喜悅的能力。」要將自己的快感和不快感傳遞給別人，就要求別人具有同樣的感受能力和感受方式，而這絕無法建立在個人的感覺上，只有建立在普遍的規則上，才能保證快感的普遍可傳遞性。

那麼，這種普遍規則是一種什麼樣的普遍規則呢？康德認為趣味的普遍性以先驗原理為根據，它的規則來源於感覺主體的一般制定法則能力，也就是理性。趣味的法則是「主觀性的原理」，即普遍有效地規定著什麼東西令人愉快，什麼東西令人不愉快的「共通感」。他認為，趣味的規則並非經驗規則，經驗規則有一定程度的共同性和普遍性，但沒有必然性。比如德國人用餐是從喝湯開始的，而英國人則是由吃東西開始的，這種習慣一經流傳便也獲得了某種程度的普遍性。這種普遍性僅僅是經驗的，不是先天的，人們遵循這種習慣，倒不是必須如此，沒人強迫這樣，這完全是因為「應該」所致。假如你是德國人，你認為自己「應該」遵循這一習俗，那就先喝湯。但是，你也可以對這一習俗不加理會，你想怎麼吃就怎麼吃，對你的這一與眾不同的舉動，別人也拿你沒辦法。康德認為這種純粹經驗的規則不是審美趣味的規則，審美規則應當是超驗的。

在《實用人類學》一書中，康德認為趣味也只與對象的形式有關，它並不涉及事物的物質存在和性質。「在趣味裡，即在審美判斷裡，它（指一棟房子）並不是直接的感覺（對象表現的實體），而是如同自由的（生成的）想像力透過創造而結合起來的東西，也就是對那同一棟房子的愉悅產生出來的形式，因為只有形式才能要求一種普遍的規則。」這段話表述了康德獨有的形式觀——審美形式是主體情感的創造。

世界萬物皆有形式，我們通常所說的形式，是指外在對象的顏色、大小、形狀、結構等所組成的統一體，這些都是對象所固有的，是客觀存在的現象，並沒有人為的創造。但是，康德卻有另外的看法，他所主張的形式不是物自

身式的自在形式，而是指主體意識中的表象。對人來說，所謂形式，只能是這種表象。人腦不是照相機，因此，人腦中的表象不是外物直接投射到神經底片上的影像。視神經不是一條直線，更不是可透過光線的空筒子，人的視神經所接收到的只是不同頻率或波長的電磁振盪，經過複雜轉換才形成所謂點、線、面、體、色等，然後又是人在頭腦中將它們組合為完整的表象，所以說表象是主體構造出來的。況且，審美表象是一種特殊的表象，審美客體的形式也只是一種特殊的形式，它是由對對象的「愉悅」產生出來的，是一種情感性的形式，且只對具有審美能力且進入審美狀態的人才存在。對於主體來說，它具有對象自身所沒有的某些性質和意義。

想像力借助於主體創造的形式，與物質性的東西相結合，進而引起美感，這也符合半感性半理性的特點。康德在此還特別強調，審美趣味的普遍性只適用於形式，也只有形式才要求普遍原則。對於實體，人人各有所愛，根本談不到普遍和必然。

趣味與時尚

康德在《實用人類學》一書中討論趣味的主要目的並不是要擬定先天原理，而是要描述人在社會的各個方面所表現出來的趣味經驗和事實，這就使它具有更開闊的視野和更豐富的社會內容。「趣味時尚」的提出就是一個很好的例子。儘管這個概念並不是在純粹審美的意義上提出來的，但與日常生活中的實際審美活動卻有著很緊密的聯繫。

康德說：「一個人在行為上與某一知名人物相比較（孩子與成人相比較，普通人與顯赫的人物相比較），且模仿他們的行為、舉止，這是很自然的。這種模仿的規律——欲顯得不比別人差而不顧實際效用——稱為時尚，也可以稱為摩登。因此，可以說時尚屬於虛榮之類，因為其目的中沒有內在的價值，同時它也屬於愚蠢。因為這裡有某種潛在強制性——在行動中奴隸式地遵從所仿效的人或社會上許多人給予我們的先例。」由此可以看出，康德認為時尚從其本質上來看是一種遭否定的東西，這種否定性展現在三個方面：一是缺乏內在價值；二是強制性；三是損害實際利益。

　　缺乏內在價值具體表現在：一個原本生活在下層社會裡的普通人，看到上層社會裡的人的生活方式和行為方式，必然要在兩個階層之間進行對比，透過比較他會發現實際存在的差距。為了維護自己的所謂尊嚴，為了讓自己顯得不比上層社會裡的人差，他就會設法縮短這個差距。這種盲目的意向在康德看來沒有任何普遍原則做基礎，模仿者並不理解所模仿的行為有什麼意義，因此說缺乏內在價值。這種盲目的攀比對於促進社會進步沒有任何裨益。這種行為最終只能產生外在的相似，與模仿者的本質難以協調。

　　強制性具體表現在：社會中的大眾，總是被某種外力推動著去迎合時尚。這個外力是由主、客觀兩方面的條件統一而成的合力。人在這個外力面前喪失了自由意志和自由選擇的本性，不得不追隨社會潮流，做一些追隨性的事情。

　　損害實際利益具體表現在：一個人一旦盲目追求時尚，只求外在地與社會潮流一致，那是一種虛榮，而且追求時尚通常與實際利益相悖。

　　此外，康德還指出，時尚不是生活的常態，是一種十足的短期行為。

　　康德說：「從本質上來說，時尚並不屬於趣味，而且在很大程度上與趣味是對立的。」但是，另一方面，康德又認為時尚與趣味有關，認為與時尚一致是趣味的一種事業。因此，時尚與趣味是一種辯證的關係。

　　對於不願與時尚同流的人，康德也並不十分贊同。他將那種甘心處於時尚之外，死死抱住老習慣不放的人稱為「守舊者」。此外，還有一種人比不願與時尚同流者更甚，他們非但不追求時尚，相反地還與之對抗，康德稱這類人為「怪人」，且對這類人給予了無情的批判。康德說：「時髦的蠢人總比不時髦的蠢人要好。」從這裡我們又能看出康德特有的矛盾，這種矛盾又與時尚本身的內在矛盾有關。

　　正如康德所說，時尚是盲目的、強制的、違背實際利益並缺乏內在價值的東西，時髦的人並不一定是有價值、可尊敬的人。但是，不可否認地，時尚又是社會道德觀念和審美觀念的特殊表現形式，當它席捲大多數人的時候，就代表一種強大的短期社會習慣勢力，倘若違背時尚而行動，人就有可能在

具體的社會實踐中遭受挫折。因此，可以這樣來理解時尚，儘管時尚沒有長久的、內在的社會價值，但是它卻有暫時的、具體的社會價值。這在人的衣著方面表現得尤為明顯。時尚的流行元素表現最為搶眼的地方便是衣著，人的衣著是社會審美觀念最為敏感的反映之一，從古到今以越來越短的週期在加速運動。在舊時代，倘若誰違背了這種時尚，就會遇到麻煩，更何況有時時尚還會在一定程度上不自覺地與社會發展方向平行，趨附時尚也會與時代的趨勢相一致。時下年輕人在衣著方面表現出的自由、新奇、非對稱、多樣化、對比強烈等特點，就是整個社會所追求的方向，因此，我們不能說這種時尚完全沒有內在價值。不可否認，時尚無法持久，但趣味本來就是一個歷史概念，沒有一成不變的固定模式，它會隨歷史的發展不斷地改變自己的內容與形式。

時尚是一個重要的實踐美學問題，它在現實的審美活動中發揮著極為重要的作用。在理論上，我們可以分析時尚的盲目性和無價值，也可以批評趕時髦的傾向，但是在具體審美實踐中，在藝術欣賞、服飾打扮、言行舉止、生活情趣等方面，左右形式、領導潮流的恰恰是自發形成的時尚，而並非是什麼高深的美學原理。

大多數人的盲目趨向是一股無法抗拒的力量，它不顧美學家和倫理學家的雄辯，徑直走自己的路。美學如果執意要干預生活，使自己有實際意義，那麼，一個重要的途徑就是去研究社會審美時尚（也就是康德所說的趣味時尚），找出其無規律性中的規律和偶然性中的必然因素，找出時尚變化的心理機制，最大程度使盲目的時尚變成一定程度上可預測、可控制的力量。

在趣味這一部分，康德還談到了趣味和道德的關係。他說：「趣味包含著外在地促進道德的傾向。」我們在前面提到過，康德將趣味視為依據形式進行社會性選擇的能力。根據形式來選擇，自然不能憑藉實體性的感官刺激，而要憑藉與感性經驗不同的另一種東西，也就是某種先驗原則。在康德哲學中，先驗原則只能來自主體的能力——理性，而理性又是先天的道德能力。如此一來，趣味就必然和道德有關。

說具體點，就是人在實現自己的趣味觀念，依據自己的趣味進行審美評價時，總是有一種潛在的道德要求在發揮作用，審美標準之中總是暗含著道德標準。因為審美是形式判斷，不能含有真正的道德原則，只要求審美對象的形式與道德相關。在審美活動中肯定某一事物的形式，也彷彿是在肯定某種道德品行，會促使人向善良的方向發展，所以說「趣味包含著外在地促進道德的傾向」。

關於美、崇高、笑、哭

康德並沒有專門從理論上探討美、崇高、笑、哭等，也沒有給出這些概念的科學規定，他僅僅從人類學的角度描述了各種有關現象。但因為這些現象都涉及了與審美有關的情感或情感反應，所以可以當作向嚴格的美學概念轉化的中間階段，因此，在美學上還是有意義的。

美與崇高

美與崇高貫穿於全部康德美學體系中，是其所有美學理論的支柱。在分析美與美感時，康德提出了一些關於美的人類學的規定和條件。

一、強調了美與對象的緊密聯繫。

康德說：「美具有趨向於與對象的最深切的結合的概念，也就是趨向於直接的快樂。」

二、美要求適中並與特徵相結合，這主要是指人的形貌。

三、內在精神是美的條件之一。

康德說：「精神是人身上生機勃勃的原則。在法語中，精神和睿智是一個名稱，即人們常說，一段話、一部著作、社交中的一位太太等等是美的，但沒有精神……為了使這些人和物能夠被稱為充滿生氣，它們應由觀念激起興趣。」由此可以看出，康德在《實用人類學》一書中，更為注重內在精神。

四、美是相對的，審美判斷不是無條件的。

康德認為，稱呼某物是美的或至少是相當美的，這不是絕對地、無條件地說出自己的判斷，而是相對地說出自己的判斷，不能因為一個人臉蛋不漂亮，就說他是醜的，只能將臉上令人不快的生理缺陷叫做醜。事實上，世間沒有絕對美的概念，同樣也沒有絕對美或是絕對醜的事物，萬物都是瞬間變化的。一個外表不惹人喜愛的人，也有可能散發出迷人的人格魅力，這也是美；同樣，一位外表看似美麗又高貴的夫人，有可能有著一顆歹毒的心，這樣的人同樣讓人厭惡。

　　關於美與崇高的關係，康德從兩方面做了說明：

　　一方面：美與崇高的區別。

　　康德在《實用人類學》一書中對美與崇高作了如下區分：「美只屬於趣味，而崇高雖然也屬於審美判斷，但不屬於趣味。」這句話顯然和康德先前所說的「趣味就是審美判斷的能力」自相矛盾。為什麼會這樣，這是由於康德想要強調美感和崇高感存在本質的不同所致。趣味是依據形式對事物進行審美判斷的一種能力，趣味本身是一種主觀的選擇標準，以趣味為根據的審美判斷的性質是平靜的、歡悅的，且應該是普遍有效的。而崇高則是激情的對象，它具備震撼心靈的力量，與美相比，它更依賴主體精神，因此也就沒有普遍性。根據這些特點，康德認為崇高不屬於趣味。此外，他還強調了「崇高雖與美分庭抗禮，但並不是美的反面」，二者儘管存在不同，但並非根本對立，美感與崇高感都是審美性質的愉快。

　　另一方面：美和崇高的聯繫。

　　美是合乎尺度的，崇高則是超越尺度的，且含有一種奇特或驚人的性質，它本身並不美，但在文學作品或造型藝術作品裡經過藝術加工後表現出來，卻應該是美的。崇高不屬於趣味，但崇高的表象卻能夠也應當是美的，倘若不是如此，那它將是粗俗、野蠻並與趣味根本對立。甚至關於對惡和醜的描寫也可能是美的，如米爾頓在其《失樂園》一書裡對擬人化的死神形象的描寫，就是一個很好的例子。

笑與哭

笑與哭都是人類情緒的反應，是諸多情緒中的兩種。從嚴格意義上來說，笑與哭算不上是美學概念，但是，這兩種情感活動與審美有天然的聯繫，笑與哭是通向喜劇性和悲劇性這兩個重要審美概念的必經之路，所以不能忽略。更何況笑、哭之類在一定程度上本身也可能成為道地的美學範疇。

笑與哭，這是人類表達情感的重要方式。康德是從人類生存的意義上來闡釋笑與哭的。康德說：「大自然借助某些內心的衝動來機械地促進人的健康，主要就是笑與哭。」所以說，笑與哭都是對人有好處的。

笑並非都一樣。笑有多種類別，比如我們通常所說的，皮笑肉不笑、開心的笑，它們的意義各不相同。善良的笑更愉快、更有益，這種笑能促進社會交際，能融洽人際關係，而惡毒的笑則使人反感。心不在焉的人常常給人以開心大笑的契機，人們笑話他，但並無譏笑之意。康德舉例說，法國哲學家、法蘭西學院院士特拉森在一次學術辯論會上竟然一不小心將無沿帽當作假髮戴到頭上，將草帽夾在腋下，這一舉止引起哄堂大笑，但是這笑聲都是善意的笑，不帶絲毫惡意。上文說到的皮笑肉不笑是一種機械的笑，是鄙俗無聊的笑，這種笑只會讓人毛骨悚然。

哭也是促進身體健康的衝動之一，康德從人的生物存在的意義上這樣描述哭：「哭，帶著嗚咽的吸氣，同時還流眼淚，這正是自然關心健康，減緩痛苦的方式。」康德舉一個寡婦的例子來加以說明：一個剛剛失去丈夫的婦人，總是盡情號哭和流淚，這對她的健康是有益處的，倘若不哭泣，悲痛鬱積在心裡，就會積鬱成疾。

康德在談論笑與哭的同時，也談到了悲劇和喜劇，不過不是分析喜劇和悲劇的本質，而是從一個特殊的角度來看待喜劇和悲劇的意義。康德認為，青年人相對來說比較喜歡看悲劇，而老年人則偏愛看喜劇。之所以如此，這源於人的天性。青年人有一種試驗和展現自己力量的願望，悲劇恰恰能刺激他們冒險的精神，能讓他們在自己內心體驗到這種精神所帶來的愉快之感。在悲劇的演出過程中，他們內心總是充滿激動，但在演出結束後，他們心中

的這種感情也會隨著消失，留下的只是愜意的疲憊，接著就慢慢恢復歡樂的情緒。那為什麼老年人不愛看悲劇呢？因為老年人已經沒有了青年人那麼強烈的冒險精神，而且感情比較沉穩，不容易激動和改變，一旦看過悲劇之後就會長時間地沉浸於劇情之中，而短時間內無法恢復常態，這樣，就容易引發身體疾病。所以老年人不宜看悲劇，這也是老年人偏愛看喜劇的原因。

　　從上面的闡述，很容易能看出康德並沒有專門從理論上探討美、崇高、笑、哭等，也沒有給出這些概念的科學規定，他僅僅從人類學的角度描述了各種有關現象。但因為這些現象都涉及了與審美有關的情感或情感反應，所以可以當做向嚴格的美學概念轉化的中間階段，因此，在美學上還是有意義的。

第四輯 康德的倫理學

康德倫理學經由認識論進而獲得邏輯形式，但是在價值取向上發生了意識形態置換，從而確立了道德法則的先驗根據。康德借助意識形態的特殊機制，積極否定幸福原則，呈現道德法則。公共權利是康德政治倫理學的最高道德法則，公共權利的權威性和實踐力量來自意識形態的顛倒機制。

▌定言令式

定言令式作為超感性經驗的理性力量，是普遍必然的絕對命令，它的本質是自由。人是目的不是工具，人作為理性的存在，是自由的。意志自律則是這種自由的直接表現。康德說：「自由這個概念是解釋意志自律的關鍵。」他在《實踐理性批判》一書中說：「自由是純粹理性體系整個建築的拱心石，是靈魂不滅、上帝存在等其他一切概念的依據。」

「人是目的」

康德在其《道德形而上學基礎》一書中說：「無論是對你自己或對別的人，在任何情況下把人當作目的，絕不只當作工具。」在康德看來，人是「客觀的目的，他的存在即是目的自身，再沒有什麼其他只用作工具的東西可以代替他。否則宇宙間絕不會具有絕對價值的事物了。假如所有價值都是有條件的、偶然的，那麼也就沒有什麼理性的最高實踐原理了……假如真有一個最高實踐原理或對人的意志來說的絕對命令，那麼它必須構成意志的客觀原則，從而能提供作為普遍的實踐法則……這個原則的基礎是：理性的自然，作為目的自身而存在。」

康德認為，有理性的人之所以服從絕對命令，是有客觀根據的。因為，服從絕對命令的善的意志並不與任何主觀目的相關，這種主觀目的與行為者的自然傾向欲望聯繫而具有價值，這種價值是相對的。善的意志只與客觀目的相關，這個目的就是人作為有理性的存在自身，這才是具有絕對價值的。絕對命令與作為理性存在者的意志之間的這種先天綜合聯繫，使「義務」成

為可能。換句話說，就是人之所以必須服從超人性的絕對命令，是由於人作為目的與定言令式，有一種必然的先天綜合關係的緣故。

　　康德認為，人作為感性血肉的動物，只有相對價值；但人作為理性者的存在，本身就是目的。「人是目的」就是這樣一種普遍有效適用於任何經驗條件的先驗原理，即定言令式。絕對命令所要求的普遍法則，之所以可能，是在於人作為目的是一律平等的，因而才有普遍有效性。因此，人只對人有道德義務，而對動物或對神沒有這種義務。一個人如果經常說謊、不去發展自己的才智、不去幫助別人，甚至自殺，這些都違背了「人是目的」的法則，即將自己或別人僅僅當做工具。

　　康德指出，物品有價格，但人只有人格，他不能因對誰有用而獲取價格。人作為自然存在，並不比動物優越，也並不比動物有更高價值可言；但人作為本體的存在，作為實踐理性（道德）的主體，是超越一切價格的。因此他也不應以他的自然存在作為工具，好像他與內在目的沒有關係。人的價值不是用利害功用所能計算和估價的，任何物質財富、珍寶貴器都不能與人的存在相提並論，即便就功用利害說，有時前者可能更為重要。

　　功利主義者穆勒認為迫害屠殺野蠻人是合乎道德的，因為目的是「進步的」，而手段是有效地服務於這目的的。康德對這一行為持反對態度，他說：「似乎有充分理由用暴力去屠殺野蠻人，因對人類有利……但是，不管你的動機有多好，仍不能洗刷用這種手段的不正當汙點。」在康德看來，由於其行為不符合「人是目的」原則，因此這是不道德的。由此可見，康德所說的人是目的，強調他不含任何功利意義，仍是從突出純理性的抽象規定出發的。

　　但是，康德這個倫理學命題的重要意義倒恰恰在於：它實際上並不「純粹」，而是強烈地反映了一定社會時代的要求和動向。在當時，他反映了法國革命時代的課題和呼聲。康德打出這個純理性的作為目的的「人」的旗號，實質上是向封建主義要求「獨立」、「自由」、「平等」的呼聲。當時統治階級的君主、諸侯將平民百姓視為草芥、牲畜、工具，為了個人喜好就能肆意發動戰爭，殘殺人民，士兵完全被當作工具一般使用。康德為此曾慨嘆，「許多統治者認為他們的人民好像只是自然王國的一部分」，即沒有人身自

由。統治階級將理性存在者（人）僅僅當作自己欲望的工具的這一現實，促使康德提出了「人是目的」的理論。因而，它具有人權、民主的實質內容。

「意志自律」

關於「意志自律」，康德這樣說：「每個有理性存在者的意志當作普遍法則的意志。」這就是康德著名的「意志自律」，也就是說自己為自己制定法則。將被動的我必須應當這樣變為自覺的我立意如此，將被動的服從變為主動。

康德說：「現在自然的結論就是：在目的過渡中，人就是目的本身。也就是說，沒有人可以將他單單用做手段，用作工具，他自己總永遠是一個目的。因而那以我們自己為化身的人的本質對我們自身來說，一定是神聖的。之所以得出這個結論，是因為人是定言令式的主體，而這個律令本身是神聖的⋯⋯這個定言令式就建立在他的意志自律上。這個意志作為自由意志，同時就依照他的普遍法則必然符合於他原先服從的那種東西。」康德在《實踐理性批判》分析篇的原理部分提出四個「定理」，由非經驗、非幸福、非實質到非他律，即由肯定定言令式的先驗性、義務性、形式性到自律性。

所謂「自律」，是相對「他律」來說的。「他律」是指意志由其他因素決定，如環境、幸福、良心、神意等。這些在康德眼裡通通都是將意志行為服從於外在因素的「他律」，而不是法由己出的「自律」，因而不是道德的。就拿「道德良心」來說吧，如果先從某種特殊道德感情出發，就還是用感性來分辨、判斷和規定道德，結果依然會將全部道德歸結到滿足、快樂和幸福上去，因而便不是「自律」，而是「他律」了，儘管這個「他律」是天生的「良心」。

康德認為，人的自律意志則既不是情慾（動物性）的奴隸，也非神的工具，既不受快樂、幸福、欲望的驅使，也不受神意、天命、良心的支配。人不是物，只知服從，人也不是神，只知制定法則，人應是服從自己法則的主人。定言令式是絕對服從又法由己立；它以人為目的而普遍有效。這就是「意

志自律」，也就是自由。康德指明，定言令式這幾項原理是統一的，它們分別從不同的角度指向一個中心，這個中心便是「自由」。

康德對定言令式所做的許多分析、論證，最後集中到「自由」這個概念上。康德倫理學的自由與其認識論的必然是互相對峙的兩方，理性為自然制定法則就是自然的必然，理性為自己制定法則就是人的自由。自由是純粹理性在倫理道德上的表現。

定言令式作為超感性經驗的理性力量，是普遍必然的絕對命令，它的本質是自由。人是目的不是工具，人作為理性的存在，是自由的。意志自律則是這種自由的直接表現。康德說：「自由這個概念是解釋意志自律的關鍵。」他在《實踐理性批判》一書中說：「自由是純粹理性體系的整個建築的拱心石，是靈魂不滅、上帝存在等其他一切概念的依據。」

康德在《純粹理性批判》一書中認為，「自由」在理論理性中是不可企及的彼岸理念，它是感性經驗所不能具有或證明的。人作為血肉之軀的自然現象也永遠隸屬在必然因果的鐵鏈之中，毫無自由可言。但是，另一方面，康德在自由與必然的先驗矛盾中也說明了，這並不否定自由能作為本體理念的可能。如今，在《實踐理性批判》中，在脫開一切經驗欲望、感情因素的道德領域後，自由出現了，這就是「意志自律」。

如同康德在《純粹理性批判》中所提到的一些概念經常具有多種含義一樣，康德在這裡所用的「意志」、「自由」這些基本概念，也至少具有兩種含義。《道德形而上學》中曾明確指出意志的兩種含義，一是指實踐理性自身，一是指行為的自覺意志。實踐理性自身是普遍制定法則的意志，行為的自覺意志是個體執行的意志。實踐理性沒有了自覺意志，等於只有制定法則而沒有執行，便是空洞的；而自由意志要是沒有了實踐理性，便將失去其道德意義而無法成立。只有行為的自覺意志將實踐理性自身當作法令接受而執行時，意志才會成立。但康德在《實踐理性批判》、《道德形而上學基礎》等書中並未這樣嚴格區分，兩種含義經常合在一起。

同樣地，「自由」一詞，也有作為整體定言令式與作為個體意志行為兩層含義在內。在《純粹理性批判》中，「自由」就有兩方面的含義：一是作

為不可認識的物自身，超出自然因果之外（這是消極含義）；一是作為高出現象的本體，成為不同於自然因果的自由因即本體原因（這是積極含義）。這兩方面也相互交錯地展現在《實踐理性批判》、《道德形而上學基礎》中。

作為定言令式的自由，著重強調的是它超出自然因果的先驗性質；而作為個體行為的自由，強調的則是它主動決定的特點，也就是可以在經驗的自然因果系列中，作為自由的本體原因而產生效果。因此，作為定言令式的自由，是實踐理性本身，這是純形式，與感性經驗沒有絲毫瓜葛，沒有任何現實性。作為個體行為的自由，呈現為實踐能動性，它作用於感性經驗，具有現實性，但它的本質又仍在前一方面。前一方面的先驗普遍抽象原則，落實在後一方面的經驗個體行為中，這才是「意志自律」。兩方面總起來說，自由或意志自律乃是純粹理性自身具有的先驗實踐能力絕對必然地在個體行為中為自己制定法則。

由此可見，儘管康德將自由——定言令式說成是超感性存在的純粹理性，但總需要在有感性存在的人世間落實。倘若人是神，那麼一切行為都「一定會」是道德的，沒有「應當」的問題。作為服從絕對命令執行義務的「應當」，正是說明人屬於感性世界的存在「應當」執行本體世界的命令，這也才有道德問題。

如上所說，道德來源於自由（理性），但又「只有道德才讓我們初次發現出概念來」。普遍與個體、先驗與經驗、理性與感性，在理論理性中是截然割裂開來的東西，在實踐理性中卻始終交織糾纏在一起。康德說純粹理性自身具有實踐力量，力量來自普遍、先驗的理性；但實踐卻總得依靠具有感性經驗的血肉之軀的個體，才使前者現實地獲得客觀實在性。這就是出現上述兩種不同含義和它們糾纏混同在一起使用的根本原因。在認識論，康德強調先驗範疇不能脫離經驗，但結果卻仍然指向超乎經驗的辯證幻象；在倫理學，康德強調定言令式必須脫離經驗，但結果卻仍然落腳在感性經驗的個體行為。康德這個深刻矛盾，透過費希特、謝林、黑格爾才獲得一種唯心主義的解決。

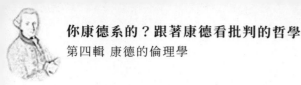
　　需要注意的是，康德所謂的自由，並非是說在現實世界中有超出自然因果關係的自由。一切行為作為理論理性的對象，即作為思維、認識的對象，是探求其因果關係的問題，即探求這件事發生的原因和規律，是對事實的表達或預測，受因果律的規定和支配，在此，沒有絲毫自由可言。

　　這也正是法國唯物主義所強調的方面。法國唯物主義認為，人的一切行為都是機械必然地受因果規律所制約，不存在什麼自由。費爾巴哈認為，一個人自己從窗口跳下和被他人推下完全一樣，都是必然的。所謂意志，也受同樣必然的因果規律所制約。對他們的這些觀點，康德表示出了質疑。他認為，倘若根據這種觀點，人便能得出一切道德、法律等都無意義的結論。因為責備一件不道德的行為就等於責備一塊石頭為何落地傷人一樣。如果果真如此，那麼任何犯罪的人都可以用他的行為是受因果律支配，即他的行為有客觀原因來為自己辯護。所有不道德或犯罪都是由環境、條件、個性、習慣……所必然決定，自己並無責任，那麼一切刑罰責難便沒有必要存在了。

　　可以說，康德的自由理論就是為了與這種機械唯物主義相鬥爭。康德認為，作為認識的客觀對象，一切行為的確都有原因，是在時間中進行從而受因果律支配。但作為有理性的主體——人，康德強調，這同一件行為就有很大不同，存在著是否服從定言令式的問題。人在做任何事時，只要不是精神失常，那麼都是在具有自覺意識的意志支配下去做的，這裡就面臨著「意志自律」，具有決定和選擇的自由。

　　作為主體的人可以選擇做，也可以選擇不做；可以選擇這樣做，也可以選擇那樣做。儘管最終決定怎樣做可以從因果律中找到原因，但在當時選擇和決定這樣做時，卻是自由的，是可以決定和選擇遵循或不遵循定言令式的。因此作為主體的人將對自己的這個行為承擔道德上的責任。因為他可以不管情況如何，不管任何內在或外在條件的制約和壓迫，而決心依照定言令式行事。康德說：「他由於覺得自己應行某事，就能夠實行某事，並且親身體會到自己原是自由的。」

　　人不同於動物，不同於自然界，也不同於機器，不是盲目地或是機械地受因果律支配，全在於他的行為是經過自己自覺意志來選擇決定的。意志也

就是對自己行為的抉擇，自由選擇便成了問題的要害所在。這也是自由。康德指出，人作為感性現象界的存在，從屬於時間條件，他的任何行為、活動和意志不過是自然機械系統的一個部分，遵循著嚴格的因果規律。

但人作為本體的理性存在，可以意識到自己是不屬於時間條件的，他的這一行為、活動和意志只服從於理性的自我法則。而道德優於認識，本體高於現象，自由可以作為原因干預自然，所以康德強調，我「能做」是因為我「應做」。「能做」屬於自然因果，「應做」就屬於自由。康德所說的這種自由，完全不包含心理學的內容和意義。任何心理、意識也依然是在時間中受自然因果支配，而不是康德提出的這種超時間的、與一切因果律自然分離的先驗自由。這種自由是康德全部道德倫理學說的最高原理。

善惡與道德感情

定言令式是超感性的純粹形式，它涉及現實行為，因此就有善惡。所以康德說：「善惡是實踐理性的對象（即客體）概念。」這個對象（客體）並非是指時、空中自然事物、因果等，而是指「作為透過自由而可能得到的一種結果來看的那一個客體觀念……意志對可以實現那個對象（或其反面）的那種行為的關係」。

這就是說，所謂善惡乃是自由在決定人的行為時所產生的效果。所謂對象（客體），主要是指行為自身，其次才指行為所產生的結果。這裡便產生了一個問題，那便是，善惡概念即行為的善惡到底是從哪兒來的呢？康德認為，善惡不可能來自對現實經驗的比較、概括和提取，只可能來自先驗理性、定言令式。只有先存在定言令式才會有善惡概念，而不能顛倒過來。康德說：「善惡概念不當在定言令式之前先行決定……而只當在它之後並藉著它來決定。」「並不是善（作為一個對象）的概念決定定言令式，並使之成為可能，而是定言令式首先決定善的概念，並使之成為可能（就其絕對配稱為善而言）。」因為如果是前者，那麼勢必又歸結為經驗的幸福主義，即善惡最終又與快樂、痛苦的感覺經驗聯結起來，「將引起愉快的手段稱為善，將不快與痛苦的原因稱為惡」了。因此，善、惡不是福（樂）、禍（苦），也不屬

於事物對象或性質，它首先屬於行為本身，是指行為作為客體（實現對象）是否展現了定言令式而言。

康德認為，人作為感性現實的存在，有為其自然生存和發展而需要講求禍福的方面。人的理性為這個禍福考察，也是必要的。但人畢竟不只是生物存在，意志怎樣決定自己的行為，是服從定言令式還是完全追隨自然需要的苦樂禍福，正是區別人與動物、自由意志與受自然因果支配的關鍵所在。康德說：「人類，就其屬於感性世界來說，是一個有所需求的存在者，且在這個範圍內，他的理性對於感性就總有一種不能推卸的使命，那就是要顧慮感性方面的利益，且為了謀今生的幸福和來世的幸福（假如可能的話），而為自己立下一些實踐的準則。但是，人類又並非是徹頭徹尾的一個動物……只將理性用作滿足自己需求的一種工具。因為理性對人類的用途如果也與本能對畜類的用途一樣，那麼人類儘管賦有理性，那也不能將他的價值提高在純粹畜類之上。在那樣一種情形下，理性就僅僅是自然用以裝備人類的一種特殊方式，使他達成畜類依其天性要達成的那個目的，而並不會使他能實現一種較高的目的。自然，人類在一度賦有這種工具後，他就需要理性，以便時時考慮他的禍福。當然，除了這個用途外，他所具有的理性還有一個較高的用途，那便是，它不但要考察本身為善或為惡的東西，且還要將這種善惡評價從禍福考慮完全分離開，而將前者作為後者的最高條件。」

由此可見，康德將善惡與禍福的分離看作是人畜的分野。「善」是對定言令式的服從，「惡」則是有意選擇了違反定言令式的行為原理。康德說：「人是惡的，只能解釋為：他意識到定言令式，但採取了背離它的原則。人性本惡……但不是一種自然屬性。」「惡」，是人的反社會個體傾向。

在認識論中，康德以「形式（先驗）的唯心主義」區別於「實質的唯心主義」。在倫理學中，康德也以「形式的唯理論」區別於「實質的唯理論」。高揚理性旗幟以反對經驗論是相同的，但是，在認識論，康德終究還要從感性出發，由感性到知性概念（範疇）再到理性；在倫理學，卻要求先從理性（定言令式──自由）出發，到概念（善惡）再到感性即道德感情。定言令式表現在客體概念是善惡，其對主觀心理的影響則是道德感情。正如善惡不能在

定言令式之先，而是定言令式必須在善惡之先一樣，康德指出，道德感情不能在定言令式之先，而是定言令式在道德感情之先，是定言令式自身作為意志動機在心靈上才產生道德感情。與前面要求區分善惡與禍福一樣，康德在此也強調區分道德感情與包含同情、良心之類的其他感情。這些感情作為道德感情，是似是而非的。

康德認為，人的所有愛好喜惡和感性衝動都建立在感情之上，總的說來，無非是利己之心。這種利己之心又可分為「自愛」、「自負」等。康德指出，這種種都不可能是道德感情。因此，「主體預先並沒有傾向於道德的任何感情」。定言令式正好是要將這種「自愛」、「自負」等感情壓抑平伏下去。因為只有將這種感情壓抑了，才會產生出另一種由理性原因所產生的積極感情，康德說，「這種感情就可以稱為對於定言令式的一種敬重感情，也可以稱為道德感情」。

道德感情建築在理性判斷之上，它是認識到客觀定言令式所有主觀感性衝動要遠為優越而產生的敬重之心。因此，它不是天生的感官、良心，也非自然的情慾衝動，而是定言令式對人們心理上的一種影響和結果。

「敬重」這個道德感情的特點是帶著少量的痛苦，包含著強制性的不快。因為它必須將人們的各種自私、自負壓抑下去，使它們在定言令式面前自慚形穢。另一方面，又因為看到那個定言令式聳然高出於自己和自己的自然天性之上，心中便產生一種驚嘆讚羨的感情，同時由於能夠強制自己、抑制利己、自私、自愛、自負而屈從定言令式，就會感到「自己也同樣高出塵表」而產生一種自豪感。一方面壓抑各種自私利己感情產生出不快、痛苦，同時又因之而感到自豪、高尚，康德認為，這樣兩種消極、積極相輔相成的心理因素，便構成了道德感情的特徵。

人的道德感情，也正可說是理性戰勝人性（自然性）、道德戰勝情慾在感情上的產物。

神沒有也不需要這種道德感情，只有作為有限的理性存在者的人的心中，才可能有這種道德感情，因為只有人才有必要強制自己屈從定言令式。同時，敬重這種感情也只施於人，而不施於物；只對於人的人格，而不對於人的別

的東西。物可以透過其宏偉、遼闊引起驚羨；而人也可以透過其才華知識、地位而引起愛慕，但是，只有人的道德品格，才能引起「敬重」這種道德感情。

康德說：「一個人也能夠成為我所鍾愛、恐懼、驚羨甚至驚異的對象。但是，他並不因此就成了我所敬重的對象。他的勇敢絕倫，詼諧有趣，位高權重，都能拿這一類情操灌注在我心中，不過我的內心對他總不起敬重之感。豐特奈爾說，『在貴人面前，我的身子雖然鞠躬，而我的內心卻不鞠躬。』我還可以補充一句說：如果我親眼見到一個寒微平民品行端正，自愧不如，那麼，我的內心也要向他致敬，不論我願意與否，也不論我怎樣趾高氣揚，使他不敢忽視我的高位。這是因為什麼呢？正是因為他的榜樣在我面前呈現出一條可以挫敗我的自負的律令（如果我把自己的行為與這個律令做一比較）。」康德的意思是說，即使在外表上可以不表露出這種敬重，「但是在內心仍然無法不感覺到它」。為什麼會這樣？因為這種敬畏尊重的道德感情來自定言令式、絕對命令和義務的無比崇高。

康德進而讚嘆人的道德「義務」說：「你絲毫不取媚人，絲毫不奉承人，而只是要求人的服從，可是你並不拿使人望而生厭、望而生畏的東西來威脅人……你只提出一條律令，那條律令就自然進入人心……一切好惡不論如何暗中抑制，也都得默然無語！呵！你的尊貴來源是在哪裡呢？……這個根源只能是使人類超越自己（作為感性世界的）部分的那種東西……這種東西不是別的，就是人格，也就是擺脫了全部自然機械作用的自由和獨立。」

康德的這些話表達了對世俗權貴的輕蔑和對自由獨立的嚮往，反映了英國內戰時代的精神。儘管它完全甩開了一切具體內容來談這種感情。

▌歷史理念

康德哲學的實質是，先驗的理性高高在上，決定著人的認識和倫理。在認識論，先驗的自我作為意識的形式，在一切經驗認識中，成為自然的制定法則者，使知識成為可能。在倫理學，先驗的自我作為理性的存在，在一切倫理行為中構成絕對命令的依據，使道德成為可能。弄明白了這些，便也對康德哲學有了初步瞭解。

實踐理性的「先驗矛盾」與「至善」

定言令式是絕對命令，在康德看來，不在於人是理性存在，而在於人是感性生物的存在，需要實踐理性來約束自然情慾，這也只是其中的一個方面。另一方面，人的「本性」就是追求幸福，即滿足自然情慾，照顧幸福也是人的一種義務，實踐理性並不要求人們拋棄幸福。這兩方面的矛盾和「解決」，構成了康德《實踐理性批判》辯證篇的主要內容。

在認識論中，理論理性作為認識範疇不能超越經驗，一旦超越則會發生辯證幻象，形成先驗矛盾，但是，這種超越又是必不可免的趨向。

在倫理學中，實踐理性作為定言令式不能滲入經驗，滲入經驗也會造成先驗矛盾，因為經驗與人的自然存在相聯繫；定言令式進入經驗又是必不可免的，否則定言令式對人就沒有意義，沒有客觀現實性。正因為定言令式、實踐理性必須在人身上才能落實，而人又是感性自然的存在，因此就發生幸福與德行的先驗矛盾。康德試圖透過「至善」來解決這個先驗矛盾。

康德認為，理論理性為追求無條件的整體而有理念，實踐理性同樣追求無條件的整體而有「至善」。這是所謂「至上的」、「無條件的」善，它包含德行與幸福二者。德行是「最高的善」，它作為配享幸福的價值，是與幸福相統一的最高條件，但它僅僅是一個方面，還不是「至善」。「至善」必須是包括幸福在內的無條件整體。「至善」才是倫理學的最後目標，是「有限的理性存在者」（即人）所欲求的對象。

實踐理性要求道德與幸福統一，但經驗無法提供二者之間到底有什麼必然聯繫。它們之間既不是先天分析的，也不是後天綜合的。因為倘若它們是分析的，那就是邏輯上的統一關係，德即福，福即德，「修德」與「求福」便是同一件事。這是無法證實的先驗推演。倘若它們是綜合的，即遵照因果律，其一在現實上發生另一個，這是缺乏普遍必然有效性的經驗歸納，因此也不能成立。

康德認為，福與德並非攜手同行，而是常常彼此背離的。有德之人未必有福，而享受幸福者實多惡徒。因此，一方面不能如伊比鳩魯那樣，將普遍

必然的道德建築在幸福之上，將幸福當成道德的經驗前提；另外，也不能如斯多噶派那樣，將幸福視為道德的必然成果，將德行看作是幸福的理性根源。這二者在現實世界中是無法聯繫和結合在一起的，如將它們聯繫結合，就會造成理性中的先驗矛盾。

康德說：「或者是謀求幸福的欲望是德行準則的推動原因，或者是德行準則是幸福的發生原因。事實上，第一種情形絕不可能，因為（如在分析論中所證明的）將意志的動機置於個人幸福要求中的那些準則，完全是不道德的，所以也不能作為任何德行的基礎。第二種情形同樣不可能，因為從塵世上一切實踐方面的因果聯繫作為意志被決定以後的結果看，並不遵循意志的道德意向，而是遵循對於自然法則的認識，並依靠於利用這種知識力求達到自己幸福的物理能力上，因此，我們儘管極其嚴格地遵行定言令式，但也不能因此就期望幸福與德行能夠在塵世上必然地結合起來，合乎我們所謂至善。」

在《實用人類學》中，康德曾提出「形體界的善」，它們被視為自然的善（以此來區別道德的善即善的意志），這實際上已經在定言令式的純粹形式之下，塞進了本為康德所堅決反對的「實質的」道德原理了。康德將之稱為人類學的幸福原理，即發展人的身心才智、幫助別人使之幸福乃是人類自然存在的目的，它本身也是一種善。由此可以看出，實際上存在兩種善：一種是形式，即定言令式、道德的善，這是康德倫理學的核心、主題，它來自純粹理性；另一種是實質，即幸福，它來自康德對人類歷史的某些觀點。

康德認為，德行與幸福的關係不是先天分析的，也不是後天綜合的，它們只能是先天綜合在「至善」之中。在《純粹理性批判》中，康德以本體與現象的區分來解決自由與必然的先驗矛盾；在這裡，康德再次以這種區分來解決這個先驗矛盾。這就是，幸福絕不能產生德行，但德行不能產生幸福只就感性世界的因果形式來說才是如此，在超感性世界的本體中卻是可能的。康德說：「因為我不但有權利將我的存在與思想做為知性世界中的一個本體，而且我還在定言令式中有一種關於我的（在感性世界中）原因性的純粹理智的決定原則，所以意向的道德就不見得不可能作為一個原因，而與幸福（作

為感性世界中的一個結果）發生一種縱然並非直接、也是間接（透過一個睿智的造物主）、並且確是必然的聯繫。」

　　康德所說的這種結合在感性世界中是少有的，只有在超感性的知性世界或本體中，這種綜合與統一才真正可能。在此，康德再一次強調實踐理性優於理論理性，目的是為了提出作為實現「至善」的必要前提的實踐理性的「公設」——靈魂不滅與上帝存在。

　　康德提出，人的道德行為以意志自由為前提，人達到神聖以靈魂不滅為前提，人獲得「至善」以上帝存在為前提。於是，在理論理性中被清掃出門的東西，在實踐理性中被請了進來。在理論理性的先驗矛盾中只有可能性的虛幻的東西，到實踐理性中都成為具有現實性的必要東西。儘管這種現實性依然不是指感性經驗的現實，但是康德認為，它們都是人們現實行為中所必須的實踐信念：「人類知性永遠探索不出它們的可能性，但是任何詭辯也不會強使甚至極平凡的人確信它們不是真正概念。」

　　康德這種所謂訴諸常人的信仰觀念，實際上是回到了宗教。理論上明知無法證實的虛幻理念，還要作為道德的前提而享有實踐上的客觀現實性；明知這種所謂信仰不成其為知識，卻指出它建立在一種「需要」上，認為其確定性不亞於任何知識。所有這些都是為了護衛宗教。

　　追求道德的完滿必須要有靈魂不滅的「公設」，而要道德與幸福相統一，即由「至善」的第一個因素（德）達到「至善」的第二個因素（福），就必須有上帝存在的「公設」。這就是說，世人追求幸福，先要有配享幸福的德行；只有德行才能給人以配享幸福。然而，這幸福又常常不是今生現實所能獲得的，乃不過是一種對未來天國的嚮往罷了。這一切，只有信仰上帝存在才有可能。總之，德、福的統一既不能在有限的感性世界裡實現，又不是理論理性所能認識和解答，於是，只有將這個統一寄託在「至善」，這個「至善」卻只有依賴對上帝存在的信仰才能保證。因此，必須要有這個「公設」來作為「至善」可能的條件。

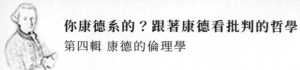
那什麼叫「公設」？康德給出了答案：「為實踐理性所要求的信仰就叫公設。」於是，上帝存在便成了「純粹實踐理性的信仰」。至此，康德的整個實踐理性的研究批判也就到此告終，完全進入了宗教。

歷史觀

康德在倫理學中日益從多方面來具體考慮人作為現實存在的各種問題，其中就有重要的人類歷史的問題。人類歷史的問題不再是認識論和倫理學中的抽象形式，而是包含著一些三大批判中缺少而為後來黑格爾所極力發展的重要思想。這些思想與康德整個哲學體系的關係、它們所占的地位等等，是十分值得注意的問題。

康德的歷史觀主要和突出地表現在《在世界公民的觀點下的普遍歷史之理念》一文中，文章指出，在經過種種衝突、犧牲、辛勤鬥爭和曲折複雜的漫長路途後，歷史將指向一個充分發揮人的全部才智的美好未來社會。這個社會也就是公民社會，國內生活幸福而自由，和國際永久和平融為一體。文章充滿了樂觀主義啟蒙主義的精神。值得重視的是，康德在這篇文章中強調，人類的進步、文明的發展都是在矛盾、衝突中實現的。他說：「人有一種社會化的傾向，因為在這種狀態中，他感到自己不僅僅是人，即比發展他的自然才能要更多一點什麼。但是，他又有一種個體化自身的強烈傾向，因為他同時有要求事物都依照自己心願擺佈的非社會本性，於是這在所有方面都發現對抗。而正是這種對抗喚醒他的全部能力，驅使他去克服他的懶惰，使他透過渴望榮譽、權力和財富，去追求地位。於是，從野蠻到文明的第一步就這樣開始了。倘若沒有這種產生對抗的不可愛的非社會性的本性，人的一切才能均將在一種和諧、安逸、滿足和彼此友愛的阿迦底亞的牧歌式生活中在一開始就被埋葬。人如果如同他們所畜牧的羊群那樣脾氣好，就不能達到比他們的畜類有更高價值的存在。這種無情的名利爭逐，這種渴望占有和權力的貪婪欲望，沒有它們，人類的一切優秀自然才能將永遠沉睡，得不到發展。人希望和諧，自然知道什麼對種族更有利，它發展不和諧。」

康德認為，人先驗地具有聯合在一起的社會性，同時又有追求個體欲求、願望的非社會性。所謂非社會性，也就是「惡」。「惡」並不是自然人欲，

而是因追求個人利益以致違背普遍法則的個體性。所謂人性（個體）本惡，指的就是這種劣根性。但是，又正是「惡」，推動著歷史的發展、人類的進步，使人的聰明才智與各種能力在與他人競爭、對抗和衝突中不斷發生發展起來。

康德說：「自然的歷史從善開始，因為它是上帝的工作；自由的歷史從惡開始，因為它是人的工作。」所謂從善開始，是指大自然使人作為族類日益由壞變好，即一開始似乎是有目的、有計畫地安排使這個人類作為種族將不斷向前進步。所謂從惡開始，是指作為個體的人，在理性的覺醒下，開始了自由意志的選擇，為個人的私利而奮鬥。於是有憂慮、有恐懼、有苦惱，所以說自由的歷史從惡開始，而演出一幕幕愚蠢、幼稚、空虛的世界歷史的劇目。

從其中似乎看不出有什麼合理的計畫，但實際卻暗中有著理性規律。人們活動的結果，並不是人所期望所意識到的。人們要求和睦，結果偏是相互對立和鬥爭；個體追求幸福，不辭萬險千難，而生命有限，幸福難求。但前者卻在無意識中使種族得到發展，後者也在無意識中為下一代創造了幸福。正如戰爭，戰爭是對文明民族的最大災禍，將給人類帶來極大損害和罪惡，但戰爭卻又經常成為進步的必要手段。康德說：「在人類文明的現階段，戰爭是促進文明發展必不可少的手段。」在《判斷力批判》一說中，康德說：「在人的方面，戰爭是無意識的舉動，可是在最高智慧方面，它是一種深深潛藏著的、可能也是深謀遠慮的企圖。」在人類的活動、行為表面顯得幼稚、混亂、無意識之中，從總體來看，卻可以發現一種規律和目的。

康德的歷史觀以「惡」始，以「善」終。經驗現象的歷史指向了本體的道德，道德的人成為人類歷史的總目標。這個目標不是透過個體的道德修養，而是透過歷史的向前發展、政體的不斷改進，使道德日益完善而可望達到。幸福則始終不過是歷史所利用的一種手段，歷史進步也根本不能以幸福作為標準來衡量。

這些闡述說明康德哲學的實質是先驗的理性高高在上，決定著人的認識和倫理。在認識論，先驗的自我作為意識的形式，在一切經驗認識中，成為自然的制定法則者，使知識成為可能。在倫理學，先驗的自我作為理性的存

在，在一切倫理行為中構成絕對命令的依據，使道德成為可能。先驗自我本是一個不可知的 X（物自身），其實際根源仍在於那個純粹理性。

附錄

▌康德演講稿

　　哲學由希臘人傳到羅馬人那裡之後，就不再擴展了，因為羅馬人總是停留在學生階段。西塞羅在思辨哲學方面是柏拉圖的學生，在道德學方面是斯多噶主義者。愛比克泰德、哲學家安托尼都屬於斯多噶派，塞內卡是這一派最著名的代表。在羅馬人之中，除了留下《博物誌》的年輕普林尼之外，沒有自然學者。

　　文化終於在羅馬人那裡消失，野蠻興起了，直至西元六至七世紀，阿拉伯人才開始致力於科學，使亞里斯多德（研究）重新繁榮起來。現在，科學又在西方抬頭了，尤其是亞里斯多德的威望，人們以一種奴隸的方式追隨他。十一世紀和十二世紀出現了經院哲學家，他們註釋亞里斯多德，無盡無休地玩弄機巧，人們所從事的無非是純然的抽象。經院哲學的這種似是而非的論究方式在改革時代被排擠掉了。折衷主義者出現在哲學領域，他們是這樣一批自我思維者，這些人不委身於任何學派，而去尋找真理，並且一旦找到，就予以接受。

　　近代哲學革新，一部分歸功於對自然界的大量研究，一部分歸功於數學和自然科學的結合。透過研究這些科學，在思維中形成的秩序業已擴展到原來世界智慧的特殊分支和部分以外。近代第一位，也是最偉大的自然研究者，是維魯拉姆的培根。培根在研究中踏上了經驗的道路，注意到觀察和實驗對於揭示真理的重要性和必要性。不過，思辨哲學的革新究竟是從哪裡開始的，這還很難說。在這方面，笛卡兒的功績不容忽視，因為透過提出真理的標準（他以知識的清楚和自明來建立這種標準），他對賦予思維以明晰性作出了很多貢獻。

　　但是，我們時代最偉大、功勳最卓著的哲學改革者，要推萊布尼茲和洛克。洛克試圖分析人類知性，指出哪些心靈的力量及其作用於各種知識。雖

然洛克為更深入徹底地研究心靈本性提供了便利，但是他並沒有完成自己的研究工作，他的處理方法也是獨斷的。

這種非常錯誤的、哲學思考的獨斷方法，為萊布尼茲和沃爾夫所特有。它帶有如此之多的欺騙性，以致於有必要棄而不用，代之以另一種批判的思考方法。後一方法在於研究理性本身的活動方式、分析人類全部知識能力，並考察這些能力所能達到的界限。

自然哲學在我們的時代極為繁榮。在那些自然研究者之中，牛頓享有極高名望。近代哲學家不能自詡享有卓越的永久聲譽，因為這裡彷彿一切都在流動。一個人所建立的，另一個人加以拆除。

在道德哲學領域，比起古人我們並未走得更遠。在形而上學方面，對形而上學真理的研究，我們似乎陷入迷惘狀態。現在對於這門科學表現出某種冷淡，因為人們好像引以為榮地把關於形而上學的研究，輕蔑地說成純粹無所謂的思慮。然而形而上學卻是本來的、真正的哲學！

我們的時代是批判的時代，必須從我們時代的批判的嘗試來看哲學，特別是形而上學將會成為什麼。

——選自《邏輯學講義》導言

▌康德生平和活動年表

一七二四年四月二十二日，伊曼努爾‧康德生於柯尼斯堡。

一七三〇年，入小學。

一七三二年，入中學。

一七三七年，母親去世。

一七四〇年九月二十四日，康德考取柯尼斯堡大學。

一七四六年，父親去世。《論活力的正確評價》一書付印。該書於一七四九年出版。

一七四七年，康德在安德施牧師家當教師（在古姆比年附近的猶德旱村）。

一七五〇年，在休里增少校家當教師（在奧斯特羅德附近的阿爾恩斯多爾夫村）。

一七五三年，在凱薩琳伯爵家當教師（在勞登堡吉爾西德區）。

一七五四年，回到柯尼斯堡，六月發表《對一個問題的研究，地球是否由於繞軸旋轉時發生過變化》；八月發表《關於從物理學觀點考察地球是否已經衰老的問題》。

一七五五年三月，《自然通史和天體理論》發表；四月十七日，提出學位論文《論火》；五月十三日，博士學位考試；六月十二日，得到博士學位；九月二十七日，求職論文答辯：《對形而上學認識論基本原理的新解釋》。

一七五六年一～四月，論述里斯本地震的兩篇文章和一本書；四月十日，為取得教授職位進行文化答辯：《物理單子論》。

一七五七年春，《自然地理學講授提綱》。

一七五九年十月，《試對樂觀主義作若干考察》。

一七六〇年六月，《對豐克先生夭亡的想法》。

一七六二年，《三段論法四格的詭辯》。

一七六三年，《將負值概念引入哲學的嘗試》。

一七六四年，《論優美感與崇高感》、《論腦病》、《對自然神論和道德原則的明晰性的研究》。

一七六五年，《關於一七六五年冬季學期講課時間表的通知書》。

一七六六年二月，康德被認命為皇家圖書館副館長，發表《視靈者的幻想》。

一七六八年，《論空間方位區分的基本根據》。

一七六九年，受愛爾蘭根大學聘請擔任教授職務。

一七七〇年一月，受耶拿大學聘請；三月三十一日，被任命為柯尼斯堡大學邏輯和形而上學編制內正教授職務。八月二十一日，學位論文《論感性世界和理智世界的形式與原則》答辯。

一七七一年，評論莫斯卡提的作品。

一七七二年二月二十一日，致函赫茨，談到寫作《純粹理性批判》的構思。

一七七二年五月，康德辭去圖書館副館長一職。

一七七五年，《論各種不同的人種》。

一七七六～一七七七年，寫就論「博愛」的兩篇文章。

一七七八年，策特里茨大臣勸說康德，要他轉到哈勒大學工作。

一七八〇年，康德成為柯尼斯堡大學評議委員會成員。

一七八一年五月，《純粹理性批判》問世。

一七八三年，《未來形而上學導論》，評舒爾茨所著《道德學入門》一書。

一七八四年，康德購置一所私人住宅。十月，《從世界公民的觀點撰寫世界通史的想法》；十二月，《問答：什麼是啟蒙運動》。

一七八五年一月和十一月，康德評論赫德爾的書《人類歷史哲學思想》；三月，《論月球上的火山》；四月，《道德形而上學原理》；十一月，《論人種概念的確定》。

一七八六年一月，《對人類歷史起源的推測》；春，《自然形上學基礎》；夏，康德被推選為大學校長；十月，《何謂在思維中確定方向》；十二月七日，康德被選為柏林科學院院士。

一七八七年六月，《純粹理性批判》第二版出版；十二月三十一日，致函萊因霍爾德，說明哲學體系的三元結構。

一七八八年一月，《論目的論原理在哲學中的運用》；春，《實踐理性批判》出版；夏，康德第二次參加校務會議。

一七八九年，卡拉姆金拜訪康德。

一七九〇年，《批判力批判》出版；《純粹理性批判》第三版。

一七九一年八月，費希特為了與康德認識，來到柯尼斯堡；九月，《神正論的所有哲學嘗試歸於失敗》。

一七九二年4月，《論人的劣根性》。

一七九三年春，《論理性範圍內的宗教》；九月，《論格言：道理上可以說得過去，可是實踐上卻行不通》。

一七九四年五月，《論月球對氣候的影響》；六月，《論萬物的終結》；七月二十八日，康德被選為彼得堡科學院院士；十月十二日，康德因為就宗教問題發表意見受到國王申斥。

一七九五年，《永久和平論》發表。

一七九六年，《論靈魂的器官》；六月二十三日，康德最後一次講課。

一七九七年，《道德形而上學》發表；六月十四日，柯尼斯堡的大學生們紀念康德學術活動五十週年；七月，發表《關於迅速簽訂哲學上永久和平條約的通告》；九月，《論因慈善的動機而說謊的虛妄權利》。

一七九八年四月四日，康德被選為西恩（義大利）科學院院士；秋，《學科間紛爭》、《實用人類學》發表。

一七九九年八月，《關於費希特所著《知識學》的聲明》發表。

一八〇〇年，最後一篇單獨發表的著作——德語立陶宛語詞典的跋；九月，耶捨出版康德的《邏輯學》。

一八〇一年十一月十四日，康德請求解除他科學院評議委員會成員的職務。

一八〇二年，林克出版康德的《自然地理學》。

一八〇三年，林克出版康德的《教育學》；十二月十五日，寫最後一篇日記。

　　一八〇四年二月十二日，康德逝世；二月二十八日，安葬。五月，林克出版《自萊布尼茲和沃爾夫以來德國形而上學的成就》。

▌康德名言錄

　　生氣，是拿別人的錯誤懲罰自己。

　　誠實比一切智謀更好，因為它是智謀的基本條件。

　　善的歷史是上帝的作品，惡的歷史是人的作品。

　　羞怯是大自然的某種祕密，用來抑制放縱的欲望。它順乎自然的召喚，卻永遠與善、德行和諧一致。

　　守時就是最大的禮貌。

　　道德之所以偉大，是因為它伴隨著巨大的犧牲。

　　德行是所有向我們顯現為值得嚮往的東西的無上條件，也是我們對於幸福的全部追求的無上條件，因而也就是無上的善。

　　不學會幽默和風趣，人就太苦了。

　　沒有一種快樂能直接跟隨著另一種快樂，在一種快樂和另一種快樂之間必定夾著痛苦。

　　工作是使生活得到快樂的最好方法。

　　沒有目標的生活，恰如沒有羅盤的航行。

　　想要成就大事業，就要在年輕時著手。

　　活動或運動是人體健康的導師。

　　能充實心靈的東西，乃是閃爍著星星的蒼穹，以及我內心的道德律。

　　人是教育的產物。

只有自由人才有尊嚴。

自由是不做違心之事。

為所欲為的人並沒有自由，因為這時的人是欲望的奴隸，聽任欲望驅使的人都是毫無自由的行屍走肉。

我是孤獨的，我是自由的，我就是自己的帝王。

我們越是忙，便越能強烈地感到我們是活著的，越能意識到我們生命的存在。

理性一手拿著自己的原理，一手拿著根據那個原理研究出來的實驗，奔赴自然。

要評判美，就要有一個有修養的心靈。

美，是一種無目的快樂。

自殺是可惡的，因為上帝禁止這樣做；上帝禁止自殺，因為這樣做是可惡的。

在上帝的天平上，每一個人的重量都是一樣的。

我並不藉口人類理性能力之不足而避免理性所有之問題。

不是事物在影響人，而是人在影響事物。

獲取自己的幸福是一種義務，至少間接地是一種義務；因為在許多渴望的壓力下和沒有得到滿足的需求中，對自己的狀況不滿，可能很容易就成為違反義務的巨大誘惑。

有兩樣東西，愈是經常和持久地思考它們，對它們日久彌新和不斷增長之魅力以及崇敬之情就愈加充實著心靈：我頭頂的星空，和我心中的道德律。

哲學就我本人的見解而言，實為一切學問之唯一學問。

國家圖書館出版品預行編目（CIP）資料

你康德系的？跟著康德看批判的哲學 / 林真如 著 . -- 第一版 .
-- 臺北市：崧燁文化 , 2020.01
　　面 ；　公分
POD 版

ISBN 978-986-516-187-3(平裝)

1. 康德 (Kant, Immanuel, 1724-1804) 2. 康德哲學 3. 批判哲學

147.45　　　　　　　　　　　　　　　　　108018875

書　　名：你康德系的？跟著康德看批判的哲學
作　　者：林真如 著
發 行 人：黃振庭
出 版 者：崧燁文化事業有限公司
發 行 者：崧燁文化事業有限公司
E-mail：sonbookservice@gmail.com
粉 絲 頁：　　　　　　網 址：
地　　址：台北市中正區重慶南路一段六十一號八樓 815 室
8F.-815, No.61, Sec. 1, Chongqing S. Rd., Zhongzheng
Dist., Taipei City 100, Taiwan (R.O.C.)
電　　話：(02)2370-3310 傳　真：(02) 2388-1990
總 經 銷：紅螞蟻圖書有限公司
地　　址: 台北市內湖區舊宗路二段 121 巷 19 號
電　　話:02-2795-3656 傳真 :02-2795-4100　　網址：
印　　刷：京峯彩色印刷有限公司（京峰數位）
　　本書版權為千華駐讀書堂出版社所有授權崧博出版事業有限公司獨家發行電子
　　書及繁體書繁體字版。若有其他相關權利及授權需求請與本公司聯繫。
定　　價：200 元
發行日期：2020 年 01 月第一版
◎ 本書以 POD 印製發行